# Crimes en Belgique

## Les plus grands procès

Pierre Guelff

Paris
www.editionsjourdan.fr

ISBN : 978-2-87466-325-3 – EAN : 9782874663253
Dépôt légal : D/2013/9685/62

# PRÉFACE

## Mémoire, réhabilitation et adjuvant moral

Tous les présidents de cours d'assises (pour les crimes), voire les juges de tribunaux correctionnels (pour les délits), tous les magistrats, les avocats..., vous le diront :

« Pour bien juger les hommes, il faut sonder les cœurs et scruter les intentions, punir le coupable et disculper l'innocent, toujours comprendre l'un ou l'autre. Juger, ce n'est jamais pardonner. Pardonner n'est pas du ressort des jurés... »

Sans risque de choquer quiconque, j'ajoute que, nonobstant les sessions à huis clos et celles impliquant des mineurs d'âge, la reproduction des débats par voie de presse fait partie intégrante de notre système démocratique :

« Les audiences des tribunaux sont publiques, à moins que cette publicité ne soit dangereuse pour l'ordre ou les mœurs ; et, dans ce cas, le tribunal le déclare par un jugement. »

(...)

« Ne donneront lieu à aucune poursuite répressive les discours prononcés ou les écrits produits devant les tribunaux lorsque ces discours ou ces écrits sont relatifs à la cause ou aux parties. »

Dans le « Manuel du rédacteur judiciaire » (Félix Canivez, Institut pour Journalistes de Belgique), on précise :

« L'immunité que cet article de loi établit pourra s'étendre au compte rendu de presse à condition que celui-ci soit un rapport de ce qui s'est passé, rédigé de bonne foi, impartialement, en faisant parts égales aux thèses présentées, même s'il n'est pas, comme ordinairement, une relation in extenso. En tout cas, s'il s'en tient à ce qui est relatif à la cause ou aux parties. »

Dans le présent ouvrage, le lecteur trouvera la relation de sept « grands » procès qui ont défrayé la chronique. Si, parfois, certains propos n'ont pas plu à tel ou tel avocat, par exemple, il n'y eut aucun droit de réponse ni, a fortiori, le moindre dépôt de plainte à mon égard ou à l'encontre des médias pour lesquels j'ai travaillé. J'en déduis que le récit de ces procès (comme les quelque trois cents autres que j'ai à mon compte, d'ailleurs !) était conforme aux prescrits de la loi en matière de reportage judiciaire.

À dire vrai, j'ai toujours eu pour principe majeur, en ce domaine, de relater les faits, rien que les faits (les débats, en somme), tout en pesant et repesant la rédaction de mes sentiments le plus objectivement possible, mais il ne fut jamais question, dans mon chef, d'écrire qu'un tel était un « monstre » ou qu'il était coupable avant que le verdict ne soit prononcé...

En revanche, je n'ai pas hésité à poser des questions, à interpeller qui de droit, à monter au créneau quant à des dysfonctionnements (avérés) ou à saluer des initiatives policières ou autres.

## De la difficulté de juger...

En lisant les sept comptes-rendus de « Grands procès » qui suivent, le lecteur pourra s'étonner des différentes réactions de magistrats et avocats face à certains témoins dits de moralité et experts, par exemple.

Voici, pour illustrer davantage ce constat, le récit de plusieurs séances que j'ai vécues fin 2012 à la cour d'assises de Bruxelles et qui démontre, ô combien et au risque de me répéter, l'immense difficulté à juger.

Dans le box, Kadir Kir, 38 ans, qui comparaissait libre, était accusé du meurtre de sa deuxième épouse, enceinte de plus de huit mois, Zahide Böle, massacrée à coups de couteau et avec un objet contondant (un marteau ?) le 30 mai 2009 à Laeken.

Grièvement atteint de coups de couteau lui-même, l'accusé prétendait avoir été la victime, comme sa femme, d'une terrifiante agression dans leur appartement.

Les enquêteurs, eux, n'étaient pas du tout du même avis : la police scientifique ne trouva pas la moindre trace d'ADN de personnes extérieures au couple dans l'appartement ou sur le couteau, et les lésions au cou, aux mains, etc. de Kadir Kir auraient ainsi peut-être été portées par... lui-même ! L'accusé entretenait en effet depuis huit ans une relation amoureuse avec une autre personne (240 appels ou SMS passés à sa maîtresse le mois de la tragédie), le mariage Kadir-Zahide avait été arrangé en Turquie, la jeune femme s'ennuyait et n'aimait pas la Belgique, le test au détecteur de vérité (polygraphe) a révélé des mensonges de la part de Kadir Kir...

Lors du procès, en octobre et novembre 2012, présidé par Madame Karin Gérard, un enquêteur déclara :

- Il y avait du sang dans toutes les pièces de l'appartement. Une personne est arrivée très rapidement sur les lieux et a dit : « Ils se sont tués, ces deux là ! Il ne s'agit pas de simples voleurs, on a fait semblant... »

Deux jours plus tard, le passage à la barre d'un témoin, T., 39 ans, qui connaissait la victime du temps de leur jeunesse en Turquie et qui la rencontra à peine une ou deux fois en Belgique, démontre un premier aspect de la complexité à juger.

- J'ai senti qu'elle était malheureuse ici, dit T. qui avait besoin d'une interprète turque, malgré sa présence en Belgique depuis une dizaine d'années.
- Sur base d'une seule rencontre ? interrogea la présidente.
- J'ai senti par moi-même qu'elle était malheureuse...
- De quoi avez-vous peur ? demanda Me Sevra Kariskya, avocate des parties civiles.
- N'aurait-on pas peur d'une personne pareille ? Tout le monde dit que c'est un psychopathe.
- Tout le monde ?
- Dans le milieu turc de Bruxelles, répondit le témoin par l'intermédiaire de l'interprète.
- Répétez, on ne comprend rien ! lança la présidente à l'interprète. Que vous parliez rapidement en turc, ça m'est égal, je n'y comprends quand même rien, mais parlez plus lentement en français et ne bougez pas votre micro !

Ensuite, ce fut au tour des experts-psychiatres de démontrer, une fois encore, suis-je tenté d'écrire, que les choses ne sont guère aisées en ce domaine.

À la barre, les experts-psychiatres, les docteurs Crochelet et Beine :

- L'intéressé nie être l'auteur des faits, rappelle le docteur Crochelet. Il a entendu sa femme crier, alors qu'il fumait une cigarette sur le balcon, et il s'est retrouvé face à deux gars qu'il ne connaissait pas. Il a été agressé.
- Quel est le résultat de son examen mental ? demanda la présidente.
- Il a un corps massif, très peu animé de mouvements. C'est un bloc ! Il a exprimé très peu d'émotions, a fait ses déclarations de manière calme et sans affect perceptible.
- Quelles déclarations ?
- Que le commando qui l'avait agressé pouvait avoir été des commanditaires de son ex-épouse puis, autre version, des commanditaires de l'ex-époux de son épouse... Il a été relevé par Madame Dujardin, la psychologue qui travaille avec nous, que l'inculpé n'exprima aucune tristesse ni commisération pour son épouse morte alors qu'elle était enceinte, ni aucun sentiment pour l'enfant mort. Il n'évoqua pas non plus son fils né du premier mariage.
- Vos conclusions ?
- Son discours est cohérent, logique. Il n'est pas névrotique, ni pervers, ni psychotique, il n'y a pas de pathologie psychiatrique, mais on retient une angoisse correspondant à un désir défensif important puisque « sa blessure serait le résultat d'une mise en scène pour se disculper », selon les enquêteurs.
Il n'est pas dément, ni débile au moment des faits et des

examens, mais il a une structure névrotique et une personnalité paranoïde.
- Votre analyse, docteur Beine, vous qui l'avez également rencontré lors de la reconstitution des faits ?
- Son humeur était stable, pas d'émotions, même sur le lieu des faits dans un appartement resté tel quel depuis le 30 mai 2009.
- La défense de l'accusé a fait appel à un autre psychiatre, le docteur Castro, sous forme d'une contre-expertise, en somme. Il ressort de son rapport que l'accusé, je cite, était en « état de stress post-traumatique qui suit un choc psychique. » Votre réaction ?
- Il n'y avait pas de stress post-traumatique, selon nous, car il n'y a pas eu de manifestation d'émotions. Mais nos examens ont été réalisés dans un autre cadre que celui du docteur Castro.

Selon une définition scientifique exprimée dans le prétoire : « Un stress post-traumatique est un état causé par une émotion. »

- Alors ? interrogea la présidente.
- Le rapport du docteur Castro ne nous a pas convaincus !
- Si je vous comprends bien, vous dites qu'il y a eu choc psychique, mais on ne sait pas s'il s'agit d'une situation en tant qu'agresseur ou agressé...
- Au terme de nos examens, on ne sait rien dire au niveau des versions, contrairement à ce que dit le docteur Castro.
- Expliquez-nous davantage ! tonna l'avocat général.
- Le docteur Castro a effectué une batterie de tests et utilisé plusieurs échelles, dont certains sont peu fiables, très peu pratiqués, peu valables... et, de plus, notre psychologue a utilisé une autre terminologie, expliqua le docteur Crochelet.

- L'intéressé (*l'accusé*) ne se retrouvait peut-être pas dans l'un des tests ! surenchérit le docteur Beine.

En dehors du prétoire, j'ai interpellé Me Marc Uyttendaele, spécialiste en droit et avocat de l'accusé, sur cette situation d'expertises psychiatriques dont la Justice n'a pas à s'enorgueillir, selon moi.

- Je pense, me répondit-il, que les jurés peuvent se faire une opinion et réaliser la part des choses. Pour ma part, plutôt que de monter au créneau avec les experts, je préfère réserver mes commentaires lors de mes plaidoiries !
- En attendant (*je lui ai cité d'autres procès où ce type d'expertise avait été une parodie, voire un leurre*), la Justice doit composer avec ce genre de situation peu crédible, non ? Est-ce encore acceptable ?

Je ne sais pas comment il me faut interpréter le sourire en coin de l'avocat lorsqu'il me quitta et regagna sa place au cœur du prétoire.

Peu avant le verdict, j'ai encore relevé deux ou trois déclarations intéressantes :

. Me Luc Wallen, avocat des parties civiles :

- Si les vrais criminels sont des psychopathes, ils ne passent même pas en assises, mais sont directement internés !

. Me Uyttendaele :

- Nous ne versons pas dans la caricature, nous ! Nous sommes face à un mystère et même à l'issue de ce procès, nous ne comprendrons toujours pas ce qui s'est passé !

Après un tour d'horloge de délibérations et rédaction du verdict (pas d'agression extérieure, aucune trace d'effraction ou empreinte ADN « extérieures », mais empreintes de l'accusé sur un couteau et un marteau...), Kadir Kir a été reconnu coupable du meurtre de sa femme et a été condamné à vingt et un ans de prison.

**« Pour qu'on n'oublie pas »**

Une dernière mise au point avant de passer à ces sept grands procès qui ont marqué plusieurs générations : je n'ai jamais été censuré, mais mon principal rédacteur en chef se réservait le droit de titrer mes articles. Il s'agit, donc, de sa propriété intellectuelle.

C'est la raison pour laquelle, par rapport à mes reportages écrits, parfois diffusés en radio et à la télévision, les titres du présent ouvrage sont de ma plume.

Mais, pourquoi écrire cet ouvrage ?

À défaut de consulter les archives des médias, ce qui s'avérerait un travail de recherche colossal et guère aisé, les Éditions Jourdan croient que pareil ouvrage est une sorte de devoir de mémoire (« Pour qu'on n'oublie pas »), un témoignage important sur le processus judiciaire, un hommage aux victimes, une réhabilitation (si besoin est) d'accusés et de prévenus qui ont été acquittés, voire de tous ceux qui ont purgé leur peine et qui, nous l'espérons, ont réintégré la société. Cela peut également servir de sorte d'adjuvant moral à ceux qui poursuivent leur incarcération, parfois dans des conditions pénibles.

*Pierre Guelff.*

# LE RESTAURANT DE L'INSOUTENABLE HONNEUR BAFOUÉ

Il aura fallu plus de deux heures au greffier de la cour d'assises du Brabant pour lire les cinquante pages de l'acte d'accusation relatant les faits particulièrement horribles qui se sont déroulés l'été 1996 au boulevard Brand Whitlock, à Woluwe-Saint-Lambert.

Dans le box des accusés, trois personnes – nous tairons volontairement leurs noms afin de préserver la vie privée de leurs enfants - : deux frères libanais qui tenaient le restaurant « Baalbeck », situé non loin de la RTBF (Radiotélévision belge de la Communauté française), Ghassan (43 ans) et Helmi B. (35 ans), ainsi que Ronald N. (29 ans), qui se dit né à Paris et porte plusieurs surnoms.

Ils sont accusés de trois meurtres précédés de tortures, ceux de Nazira et Donia, les jeunes épouses respectives des deux frères, et de Jacqueline George, 70 ans, à la fois comptable, « mécène » et maîtresse de Ghassan, considéré comme le patron du restaurant.
« C'est la loi au Liban : nos femmes devaient mourir, car elles nous ont été infidèles », ont déclaré les deux frères.
La septuagénaire est morte parce qu'elle voulait s'interposer et était devenue un témoin gênant.

Non contents de torturer leurs victimes durant trois jours avant de les sacrifier sur l'autel de l'« honneur bafoué », les accusés ont obligé les deux enfants de Ghassan à assister aux trois homicides et à y participer de manière active.

Pire, Ghassan et Ronald sont aussi accusés de viols avec

violence et d'attentats à la pudeur sur ces enfants, âgés de 6 et 8 ans à peine au moment des faits.

Ce procès, étalé sur deux semaines (en mai et juin 1999), s'apparenta bien à un voyage au bout de l'horreur.

De nombreuses personnes pressenties pour devenir membres du jury ont reculé face aux dix jours d'« horreurs » qu'elles allaient devoir subir à travers des témoignages bouleversants, des images insoutenables et des dizaines de pièces à conviction disposées sous leurs yeux...

Ainsi, vingt personnes ont évoqué de multiples motifs pour être dispensées : elles ne comprenaient pas bien la langue française, étaient indépendantes, souffraient de crampes d'estomac, étaient enceintes, avaient un examen médical à passer, un parent invalide à soigner... Vingt autres n'ont même pas répondu à la convocation de la justice !

**Coran et infidélité**

Durant plus de deux heures, le greffier de la Cour a lu l'acte d'accusation. Le public, composé de nombreuses personnes, a difficilement pu contenir son effroi.

- Le 3 septembre 1996, trois corps de femmes ont été découverts dans des surgélateurs du restaurant « Baalbeck ». Un huissier devait y saisir du matériel à la suite de difficultés financières des frères B. Il était accompagné d'un policier et d'un déménageur. La porte d'entrée de l'établissement étant fermée, un serrurier a été appelé. L'un d'eux a remarqué qu'une main dépassait d'un surgélateur disposé au sous-sol...

Les lieux étaient dans un désordre indescriptible. Les cuisines se trouvaient dans les caves et, au premier étage, un appartement privé comprenait également un surgélateur.

Au deuxième étage, c'était aussi un appartement privé, ainsi qu'au troisième, où des plats préparés pourrissaient.

Dans une chambre du deuxième, il y avait des traces de sang à près de deux mètres de hauteur. Un couteau à steak a été ramassé près des escaliers. Des désodorisants avaient été utilisés pour masquer l'odeur du sang.

Dans le premier surgélateur, on a découvert le corps nu d'une femme âgée de 30 à 40 ans et le corps, également nu, d'une femme du même âge.

À vrai dire, on a trouvé une cuisse, puis un genou...

Dans le surgélateur à l'étage se trouvait le cadavre d'une personne plus âgée.

- L'enquête a abouti à l'identification des trois corps et à l'arrestation de trois personnes. Quelles furent leurs conclusions?

- La mise à mort des trois femmes a été précédée de trois jours de tortures effroyables, les détails de celles-ci étant partiellement avoués par les frères B., mais aussi par les deux enfants de Ghassan et par d'autres témoins au fil de l'enquête.
- La gestion du restaurant était devenue mauvaise et l'ambiance dans les couples des frères B. se dégradait, principalement dans celui de Ghassan et son épouse, Nazira.

- C'est dans ce contexte qu'a débarqué Ronald N. Quelle fut son influence ?
- En juillet, Ronald N. est arrivé à Bruxelles en provenance d'Angleterre et s'est aussitôt mis à la recherche de compatriotes. C'est ainsi qu'il a été hébergé par Helmi B., le mari de Donia.

Selon les deux frères, Ronald N. a exercé une forte emprise sur eux.
Druze - minorité musulmane -, Ghassan voyait en lui un « envoyé de Dieu ».

Alors que le gérant du restaurant était en voyage au Maroc, après avoir assisté à l'enterrement de son père, Ronald N. est parvenu à convaincre Nazira de le quitter. Il s'est installé avec elle et les deux enfants du couple dans un hôtel de Gand. Ils étaient accompagnés de Noradin, employé au « Baalbeck », qui est devenu l'amant de Nazira.

À son retour du Maroc, Ghassan a été mis au courant de la situation par... Ronald ! Ensuite, c'est encore Ronald qui aurait convié Nazira à regagner le foyer conjugal au « Baalbeck ».
- Était-ce un piège ?
- C'est l'avis de Noradin. Dès le 16 août, la jeune femme a été séquestrée en compagnie de sa belle-sœur Donia. Elles seront forcées à avouer avoir commis l'adultère...
- C'est à ce moment précis qu'a débuté leur calvaire ?
- Effectivement. Dans un premier temps, les enfants de Ghassan ont été obligés de rester à l'étage occupé par Jacqueline George, qu'ils considéraient un peu comme une grand-mère.
Pendant ce temps, les deux jeunes femmes ont été entièrement dénudées et leur crâne, rasé.

Ghassan déclarera: « Mon épouse avait mal éduqué mes enfants. »
Têtu, violent, il croit particulièrement à certains versets du Coran traitant l'infidélité.

Noradin a assisté aux premières scènes du drame. Il a également été frappé, puis a été autorisé à quitter les lieux. Selon lui, c'est Ronald qui dirigeait l'interrogatoire des deux femmes. « Ronald paraissait être le chef du trio », a déclaré un autre témoin. Ce serait sous ses injonctions que les deux frères auraient commencé à torturer Nazira et Donia.

Ghassan a dit: « Je voulais faire sortir toute la saleté de ma femme. »

**Une relation à trois**

Diverses déclarations et images témoignent de la violence et de la cruauté subies par les deux jeunes femmes: fil électrique dénudé attaché à la poitrine et au sexe, Nazira pendue au plafond par les pieds et rouée de coups avec une cravache et une planche...
« Nazira a les seins qui pendent comme une chienne », auraient dit Ronald et Helmi. Donia, elle, a été égorgée après avoir été violemment frappée. Arrêtons ici l'énumération des sévices subis: ils relèvent de la barbarie.

- En quoi les enfants ont-ils été mêlés à ces actes horribles?
- Ils ont été obligés d'assister à certaines scènes et même à y participer de manière active. Ainsi, le petit garçon, alors âgé de 8 ans, a été forcé de frapper sa mère, de lui cracher au visage et de monter sur le dos de sa tante Donia.

- Quand les tortionnaires ont-ils pris la fuite?
- Après ces châtiments, les corps sont restés cinq jours sur les lieux du supplice, puis ont été placés dans les congélateurs sur les ordres de Ronald. Le trio a pris la fuite avec les enfants dans le nord de la France. L'enquête a fini par aboutir quelques jours plus tard.
- Quelles furent les déclarations des trois hommes?
- Ronald N. a toujours nié toute implication dans le rôle que lui imputent les deux frères B.
«Je n'ai assisté qu'à une sévère correction des deux jeunes femmes pour leur infidélité. À mon retour d'Angleterre, où j'étais retourné, les deux frères m'ont dit avoir tué Nazira et Donia parce qu'elles étaient des putains.»

Ghassan B.: «J'ai des responsabilités dans la mauvaise gestion du restaurant. C'est l'une des raisons du drame. Nazira était ma cousine et notre mariage a été arrangé par nos familles. Je me suis rendu compte qu'elle n'était plus vierge. Elle a d'abord prétendu que c'était à cause de blessures encourues lors de la guerre du Liban, puis elle m'a avoué que l'un de ses oncles, aujourd'hui décédé, l'avait déflorée. Au fil du temps, j'ai compris qu'elle me trompait.

Chez nous, au Liban, l'infidélité se paie par la mort. C'est vrai que j'ai eu des relations avec Jacqueline George. J'ai même proposé à mon épouse une relation à trois. Jacqueline et Nazira l'avaient acceptée.»

Helmi B.: «Mon épouse m'a trompé avec un certain S. Un homme qui lui avait offert 3 000 francs (75 euros) et du chocolat pour notre fils, handicapé moteur et cérébral. Elle méritait un bain purificateur. J'ai perdu la tête. Je ne me souviens plus de la suite du drame, j'ai retrouvé Donia morte...

Elle était ma cousine. C'était un mariage d'amour, mon cœur battait pour elle... »

- Quelles furent les déclarations des deux enfants de Ghassan ?
- Ils sont catégoriques et leurs témoignages ont paru crédibles aux yeux des enquêteurs : « Ce sont les trois hommes qui ont battu et torturé les victimes. »

Le petit garçon a précisé : « Quand maman vivait encore, Ronald a proposé de la torturer à l'électricité. Je l'ai vue morte ensuite... »

L'enfant décrira avec précision la scène de la pendaison de sa maman :

- Ronald est monté sur une chaise pour fixer le crochet au plafond pendant que mon père et mon oncle la battaient. Mon papa a demandé que je crache sur elle...

**L'enfer pour les enfants**

Il fut beaucoup question des enfants pendant le procès. Leur témoignage, enregistré sur vidéo, a duré trois heures et a été mené avec beaucoup de tact par une équipe de la section jeunesse de la P.J., aidée par un psychologue et une assistante sociale.
Outre les scènes du triple drame dont ils furent les malheureux témoins, il est apparu que leur enfer allait se poursuivre à l'issue des tortures et des homicides infligés aux trois femmes.

- Mon père, mon oncle et Ronald m'ont frappée. Papa s'est

mis sur moi et m'a fait mal au ventre. C'est Ronald qui l'a obligé à faire ça, a expliqué la gamine.

Le petit garçon, lui, raconte :

- Ronald dormait dans mon lit...

Le témoignage de la petite victime spécifie aussi que Ronald N. l'accusait de faire l'amour à sa sœur. Pour le punir ou l'aguerrir, l'homme lui a enlevé sa culotte et l'a violé.

Ronald N. avait aussi rapporté d'un sex-shop une boîte contenant divers objets et s'en est expliqué aux enquêteurs :

- C'était pour lui donner une leçon, pour qu'il ne fasse pas de bêtises à l'avenir.

La boîte renfermait un vagin en plastique actionné par une batterie !
Inutile de spécifier que ces deux enfants sont encore complètement traumatisés par l'horreur de ces journées d'août 1996.

- Tous les soirs, dans mon lit, je pleure pour maman, avoue la petite.

La fillette dessine beaucoup de scènes entièrement teintées de rouge. « C'est tout le sang que j'ai vu à la maison. »
Un « spectacle » auquel l'enfant du couple Helmi-Donia a heureusement échappé.

## Déments et épouses « infidèles »

C'est dans ce contexte particulièrement pénible que le procès se déroule, avec son cortège d'experts et de témoins, avant que ne débutent les plaidoiries et les réquisitoires.

Déjà, sur base de rapports psychiatriques et autres, on sait que Mes Bourgaux et Dayez, respectivement défenseurs de Ghassan B. et de Helmi B., vont invoquer la démence pour défendre leurs clients.

Les conseils de Ronald N., Mes De Quevy et Gallant, auront plus de mal, apparemment, à convaincre les jurés que les propos de leur client sont le reflet de la vérité.

En attendant, loin de toutes ces « préoccupations » judiciaires, deux enfants pleurent leur maman disparue à tout jamais.

Les témoins et experts se sont succédé à un rythme accéléré durant la première semaine du procès. Parmi eux, Noradin A., l'amant de Nazira, qui a assisté à une partie des supplices infligés aux épouses « infidèles » :

- Ronald N. était bien le chef de ce jeu satanique !

Appelé comme « simple » témoin devant la cour d'assises, il sera quand même tenu de s'expliquer en Correctionnelle pour non-assistance à personnes en danger.

## Une enquête sordide

Contrairement à certaines enquêtes effectuées dans d'autres arrondissements judiciaires du pays, celle menée par Mme Anne Gruwez, juge d'instruction à Bruxelles, la police de Woluwe-Saint-Lambert, la P.J. et divers services, mérite bien des éloges.

Non seulement pour le tact mis à interroger les deux enfants de Ghassan B., mais aussi pour avoir dénoué avec célérité et efficacité cette affaire aux multiples rebondissements.

Devant la Cour et les jurés, Mme Gruwez expliqua de manière claire et concise ce travail particulièrement sordide :

- Dans un premier surgélateur, placé au sous-sol du restaurant, on a découvert deux cadavres superposés de personnes âgées d'une trentaine d'années. Nous n'avons pas pu les bouger, car ils étaient congelés. Nous avons fait appel aux pompiers pour qu'ils découpent le surgélateur et avons dû laisser les corps se dégeler durant 48 heures avant que les autopsies ne soient pratiquées. À l'étage, nous avons découvert un troisième cadavre, également dans un surgélateur. C'était celui d'une personne plus âgée.

L'identification des corps ne fut pas aisée.

- Les cadavres du sous-sol étaient dans un état de décomposition avancée. À vrai dire, ils étaient pourris. Notre enquête a déterminé que l'un d'eux appartenait à Nazira, car il présentait des séquelles de la guerre du Liban : la jeune femme n'avait plus de rate ni de rein gauche. Les premières recherches ont été effectuées dans le sens d'un « recollement » des cadavres à partir de photos. C'est ainsi que nous avons découvert que la deuxième personne était Donia.

Quant à Jacqueline George, c'est sa fiche dentaire, un excellent élément d'identification, qui nous a aidés. Ce ne fut pas facile de « recoller » la fiche dentaire du cadavre, car la septuagénaire n'avait plus été chez son dentiste depuis 1993 et sa dentition n'était plus soignée. Néanmoins, nous avons pu établir l'identité formelle des trois victimes à l'aide d'autres prélèvements et recherches.

Concernant le déroulement de ces trois homicides, mon attention fut aussi attirée par deux éléments : un fil électrique dénudé dans la salle de bains – je ne pouvais pas rater ce genre de chose tellement c'est dangereux ! – et les coups « frais » donnés à la porte de la chambre à coucher de Mme George. Dès lors, il ne restait plus qu'à lancer un mandat d'arrêt international à l'encontre des frères B.

Assurément, un remarquable travail d'enquête, qui a également abouti à l'arrestation de Ronald N.
- Grâce au témoignage de Noradin, ancien employé du restaurant, nous avons pu intercepter les trois hommes et les enfants sur l'autoroute Mons-Bruxelles.

**Ils ont dit (lors de la première semaine)**

• Noradin, ancien employé du « Baalbeck » :

- J'ai été emmené au salon du deuxième étage du restaurant. J'ai vu les deux jeunes femmes nues et le crâne rasé.

Elles passaient devant une sorte de tribunal composé des frères B. et de Ronald N. Ils m'ont invité à donner des coups à Nazira, puis ont demandé à Donia de faire de même. Les deux femmes ont avoué avoir couché avec moi. Je mets en cause Roland dans cette tragédie...

• Dr Bonbled, médecin légiste :

- Nous avons dû procéder aux autopsies en trois temps, car les corps ne décongelaient pas assez rapidement. Le cadavre de Donia était en position fœtale. Décomposition oblige, rien ne prouve qu'elle ait été égorgée et suspendue par les pieds. Ce qui m'a frappé, c'est le nombre important de coups relevés aux membres et à la tête de Nazira. Elle a eu un « certain » temps de survie après ces coups.
Concernant la petite fille de Ghassan, je ne crois pas à la pénétration vaginale, mais à d'éventuels attouchements.
- Quelles sont les conséquences d'une pendaison la tête en bas durant dix à quinze minutes ? demande la présidente, Mme Karin Gérard.
- Cela ne permet pas une survie éternelle !

• Mariella, voisine :

- Un jour, j'ai vu Ghassan courir derrière sa femme avec un couteau à la main en pleine rue. C'était un comportement bizarre. En août 1996, à mon retour de vacances, cela sentait très mauvais à l'arrière de la maison. J'ai voulu avertir le service d'hygiène ou la police, mais je ne l'ai pas fait parce que je croyais fantasmer.

• Bahjat B., cousin des frères B. :

- Ghassan était paternaliste avec moi. Quand j'ai travaillé comme chef cuisinier au « Baalbeck », j'ai eu l'impression qu'il profitait de moi, d'où notre mésentente.
Ghassan retenait la moitié des 58 000 francs (1 450 euros) mensuels d'allocations familiales que je percevais. Helmi n'était qu'un pion entre ses mains.

• Ergen G., bijoutier :

- Un jour, Ronald N. est venu avec 600 grammes d'or composés de chaînes, d'un petit lingot... Je lui ai payé cash 126 000 francs (3 150 euros). Il m'a dit qu'il travaillait au casino d'Ostende, où il rachetait des bijoux. Il m'a aussi proposé dix kilos d'or. Là, j'ai compris. J'ai refusé, car c'était trop dangereux.

**Errances de procédure**

Au début du procès, certains furent surpris de constater l'absence de parties civiles. Mais, quelques minutes avant le réquisitoire de l'avocat général, Me Murielle Rombaut s'est présentée à la barre et s'est aussitôt constituée partie civile contre les frères B. et Ronald N.

Pourquoi cette arrivée tardive ?

Une fois encore, une fois de trop, est-on tenté d'écrire, la Justice n'a pas brillé par sa rapidité et son humanisme. Il a fallu que la présidente de la section Famille du tribunal de première instance de Bruxelles apprenne que les enfants des frères B. n'étaient pas représentés au procès et s'en offusque pour que Me Murielle Rombaut soit désignée

comme tutrice. À quelques heures près, les petites victimes du trio d'adultes étaient judiciairement « oubliées » !
Me Rombaut n'a pris la parole qu'une poignée de minutes :

- À la suite des errances de procédure, les enfants n'avaient pas de tuteur légal. C'est aujourd'hui le cas, et mon rôle est de faire entendre la voix des petites victimes et de les faire reconnaître en tant que telles par la Justice.

Il faut pouvoir préparer et reconstruire un avenir sur ces ruines ! Il faut faire œuvre de justice. Leur avenir passera peut-être par une adoption par un oncle en Amérique.

Je n'évoquerai donc pas le calvaire que les enfants ont vécu et vivent encore à ce jour pour réapprendre à vivre avec leur passé...

**Une véritable sauvagerie !**

Après la première semaine, le procès aborde les plaidoiries et les réquisitoires.

L'avocat général Bernard Dauchot monte le ton :

- Trois jours durant, ils ont frappé, frappé et encore frappé. Les victimes ont été massacrées par des monstres. Il n'y a pas d'autres termes pour décrire les accusés. Ajoutons-y les viols abjects des enfants de Ghassan B.
Dans toute société, celui qui attente à un enfant doit être écarté. Ils ont terrorisé les enfants par des viols afin qu'ils ne puissent pas parler. C'était une attitude machiavélique et d'une totale perversité !

Tour à tour, les accusés ont fait l'objet d'une analyse détaillée de la part du magistrat, plus particulièrement à l'égard de Ronald N. qu'il qualifie d'« escroc cynique » :

- Même dans les montagnes du Liban, le meurtre a toujours été considéré comme un crime. Sur les diapositives, vous avez vu les souffrances atroces, organisées, des trois femmes, qui ont été tuées avec une sauvagerie inouïe.

Nazira a même été écartelée, tabassée avec une planche. Ils ont laissé son cadavre pourrir avant de le jeter. La seule chose qu'ils lui ont épargnée, c'est le calvaire qu'ils ont réservé plus tard à ses enfants.

Donia a été pulvérisée, ils lui ont brûlé la langue avec un couteau chauffé à blanc. Jacqueline George, elle, a senti venir la mort par strangulation.
Les hommes de la P.J. et de la « Crime », qui ont enquêté sur de nombreuses affaires, ont été stupéfiés par la violence des faits qui se sont déroulés au « Baalbeck » et l'acharnement qui a précédé les trois assassinats. Ils n'avaient jamais vu ça ! Il y avait du sang projeté à une hauteur d'un mètre soixante-dix. Il a fallu des radiographies pour identifier les corps. L'autopsie a duré quarante-huit heures.

L'avocat général se tourne vers les jurés (dix hommes et deux femmes) et leur lance :

- Gardez en mémoire la terreur que ressentirent ces deux enfants et le cataclysme vécu par la fillette. Nazira a dû subir l'humiliation de voir son propre enfant cracher sur elle. Le mysticisme peut-il tout excuser ? Le déséquilibre mental peut-il tout absoudre ?

À ce sujet, le magistrat du ministère public s'attarde quelque peu sur la « démence » des frères B. :
- Il a été soulevé l'opportunité d'amener devant les assises une affaire aussi monstrueuse qui est du ressort des fous. La Chambre du conseil pouvait interner Ghassan et Helmi. Elle ne l'a pas fait. C'est le même constat pour la Chambre des mises en accusation. Ghassan et Helmi B. ont été soignés en prison.

Visiblement, ils l'ont bien été, puisque, le 12 avril dernier, les médecins ont constaté que l'état de Helmi s'était amélioré, comme celui de Ghassan. Rien n'empêche donc d'être soigné en prison, et, de la sorte, la société y trouve son compte !

Ensuite, l'avocat général Bernard Dauchot s'est évertué à épingler les faits marquants du dossier :

- Quelle est la finalité de ce procès ? Trouver la vérité ! Certes, elle n'est jamais absolue et je suis le premier à reconnaître qu'il peut exister l'une ou l'autre zone d'ombre dans cette affaire. Mais ces zones ne doivent en aucun cas occulter les abondantes certitudes : les aveux de Ghassan et de Helmi dans l'assassinat de leurs épouses, les accusations à l'encontre de Ronald N. L'état mental des frères B. n'affecte en rien la crédibilité de leurs déclarations.

N'oublions pas non plus les accusations portées par les enfants. À ce sujet, M. Haesevoets, un spécialiste, a dit : « Le petit garçon ne ment pas. Il n'a pas de trou de mémoire. »

On a aussi vérifié la véracité des affirmations de Ghassan et de Helmi, qui ont été confirmées point par point par une reconstitution des faits et divers experts.

De plus, les déclarations de Noradin, ancien employé du « Baalbeck », prouvent que Ronald N. a bien été l'organisateur, le coauteur et l'auteur de toutes les accusations portées contre lui. Il a piégé tout le monde !

« Quand il tue, ce sont les femmes des autres »

Durant plus d'une heure, l'avocat général s'est ensuite attaché à décrire Ronald N. et à démonter son système de défense :

- On va vous le présenter comme un dragueur invétéré au charme oriental et comme un enfant gâté. À vrai dire, c'est un affabulateur, un manipulateur et un menteur.

Le rapport psychiatrique révèle qu'il n'a aucun respect pour autrui. D'ailleurs, quand il tue, ce sont les femmes des autres !

Ronald a été très fort pour manipuler les gens. Il avait vraiment tous les B. sous sa coupe. N'a-t-il pas été décrit comme un « homme dangereux » par un autre membre de la famille B. ?

Comment se présentait-il ? Il disait s'appeler Ronald N., né à Paris, fils d'un ex-général de l'armée libanaise devenu industriel au Moyen-Orient.
« J'ai utilisé des « alias », car je risquais la mort dans mon pays à la suite des activités de mon père », dit-il. Or, Interpol-Beyrouth a signalé qu'il s'appelait Roland et non Ronald, et que son père était retraité de l'armée et non général !

Quelle fut la réponse de l'accusé ? « Interpol se trompe. Ce sont des idiots. D'ailleurs, le chef d'Interpol est un Druze, comme Ghassan et Helmi. »

L'avocat général poursuit sa démonstration à l'encontre de Ronald N. :

- L'accusé a frauduleusement utilisé la carte bancaire d'une femme, a utilisé d'autres noms d'emprunt dans des hôtels et n'a cessé de mentir, même sur la date de son arrivée en Belgique. Des factures d'hôtels le contredisent à ce sujet.

À sa vingt-huitième audition, on s'est rendu compte qu'il avait menti à diverses reprises durant les vingt-sept auditions précédentes !

Un exemple : il a menti concernant son départ et son séjour en Angleterre en août 1996, alors qu'il était à Bruxelles lors du massacre. Il a même logé au Sheraton, où il a laissé une ardoise de 20 000 francs (500 euros). Les déclarations de Ronald D. ne sont qu'un tissu de mensonges !

L'homme est aussi un grand amateur de l'argent d'autrui. Il a falsifié des chèques – un graphologue est formel à ce sujet. Sans oublier les bijoux de Donia, qui l'intéressaient au plus haut point.

Il a littéralement pompé Noradin en lui empruntant 150 000 francs (3 750 euros). C'est également Ronald N. qui a fait vendre pour 126 000 francs (3 150 euros) les bijoux des défuntes.

**Un cynisme écœurant**

Bernard Dauchot évoque aussi le machiavélisme de cet accusé :

- Il portait un essuie et utilisait un spray pour effacer ses empreintes au « Baalbeck ». Il a essayé de faire vendre les immeubles de la famille B., estimés à 13 millions (325 000 euros). Il a même raflé les économies de la petite fille de Ghassan ! Et dire qu'il était considéré comme un « représentant de Dieu sur terre » par les frères B. !

Quel écœurant cynisme a été le sien quand il a dit aux enquêteurs : « C'est en lisant le journal que j'ai appris ce qui était arrivé. Je ne pense pas que les enfants aient été au courant du drame. »

Puis, il a déclaré qu'il croyait Ghassan et Helmi B. fous et capables de tuer leur propre progéniture.

« Je ne peux pas être accusé par deux déments », a-t-il aussi déclaré.

Le magistrat résume ensuite son avis concernant les deux autres accusés :

- Les psychiatres ont dit que Ghassan et Helmi B. pouvaient être à la fois fous et cohérents. Je pense qu'ils ont donc fait preuve de libre arbitre à certains moments.

Après une interruption d'audience, l'avocat général a très longtemps parlé du martyre vécu par les enfants :

- Comment ceux de Ghassan perçoivent-ils encore Ronald? Pour eux, c'est un bandit, un escroc qui a fait tomber tout le monde.
« C'est un méchant qui faisait peur. » Il terrorisait la petite fille : « Il nous faisait regarder des films d'horreur avec des tortures... »
Ronald N. avait même acheté un vagin en plastique afin de montrer au gamin « comment ne pas faire de bêtises plus tard ».
Il y a aussi les actes monstrueux commis sur ces enfants alors âgés de 8 et de 5 ans !
- Mon papa s'est mis sur mon ventre, a dit la fillette.
- Quand?
- Après maman.
Lisez : après que maman soit morte, torturée sous ses yeux.

Ghassan B. a fait l'objet de quinze auditions précises et cohérentes, exception faite de celle au cours de laquelle le magistrat instructeur lui a reproché le viol de sa fille. Ce n'est pas un hasard : l'acte est ignoble, quand bien même il doutait de sa paternité !

Et Ronald accusé du viol du petit garçon? Quand le gamin criait, il lui enfonçait la tête dans la couette !

« Je n'avais pas de raison de toucher aux enfants, je ne suis pas un vieillard de 60 ans », a-t-il argumenté.

Les faits relatés par les enfants ne laissent pourtant aucun doute. La loi prévoit une réclusion de vingt à trente ans pour les viols. Cette peine ne tient pas compte des assassinats, bien entendu.

## Crédibilité des enfants

L'avocat général aborde enfin un aspect parfois controversé :

la crédibilité des témoignages des enfants :

- Ils ont rapporté des sons à connotation sexuelle. Ils ont donc vécu la situation. Ils ont aussi décrit les scènes de sévices avec une telle précision que, selon un expert, leurs déclarations sont crédibles.

Des examens gynécologiques ont été jugés compatibles avec leurs déclarations. La petite fille de 5 ans avait même une fissure vaginale...
Il n'y eut aucun « consentement » pour quelque attouchement que ce soit. »
Le gamin est encore terrorisé. Ils ont subi un traumatisme massif dans leur âme et leur chair. C'est évident quand on les voit et qu'on les entend. Si la défense des accusés devait réclamer un nouvel examen gynécologique, ce serait une erreur : n'ajoutons pas un autre traumatisme à celui déjà subi.

Bernard Dauchot en termine avec ce volet de l'affaire :

- Les longs silences actuels de la fillette sont proportionnels à la monstruosité des faits subis. A fortiori lorsqu'ils ont succédé au premier traumatisme subi au « Baalbeck ».
Il fallait terroriser les enfants par des viols afin qu'ils ne puissent pas parler.
C'était machiavélique et d'une totale perversité. On a confisqué leur enfance et on les a anéantis !

## Fous, sadique, « fantaisies » sexuelles et diable

Face à un tel réquisitoire, que retenir des plaidoiries des avocats de la défense ?

• Me Dayez, conseil de Helmi B. :

- Ronald N. a profité des frères B., fragilisés par la mort de leur père, pour les piéger. Nous sommes en présence de malades mentaux auxquels on a imposé un meurtre rituel. Cela n'a aucun sens de juger un dément. C'est un principe incontournable de notre justice. L'affaire du « Baalbeck » est l'œuvre de deux fous et d'un sadique. Je demande que mon client soit interné.

• Me Bourgaux, avocat de Ghassan B. :
- Nazira était une jolie brune au tempérament méditerranéen. Quel gâchis que cette affaire ! Comment trouver les mots justes ?

Les corps sont là mutilés... Pour Me Dayez comme pour moi, la question primordiale est celle de la responsabilité de nos clients au sens pénal des faits.

Pour ma part, les frères B. sont des malades irresponsables de leurs actes. Ghassan est un schizophrène et ses réactions sont imprévisibles. C'est le genre de malade qui se dit poursuivi par le KGB, alors que ce service a disparu depuis longtemps.

Qui a écrit : « Le drame du « Baalbeck » est l'œuvre de Satan. Que Dieu ait pitié de Nazira et de Jacqueline, la sainte de Belgique » ? C'est un schizophrène doublé d'une forme de paranoïaque.

Ainsi, quand sa femme est morte, il a attendu plusieurs jours au « Baalbeck » pour qu'elle ressuscite. Si Ronald N. est un sadique sexuel, Ghassan est trop fruste pour avoir eu des fantaisies sexuelles, et il faut être prudent quand on évoque les sévices infligés aux enfants. Malgré son problème d'équilibre mental, le doute doit lui profiter.

. Me Gallant, avocate de Ronald N. s'adresse directement aux jurés :

- Nous avons enfin la parole pour répliquer à tout ce qui a été dit sur notre client !
On vous demande de condamner le diable, alors qu'il a été considéré comme un envoyé de Dieu, de condamner un manipulateur, un sadique, un menteur. Or, Ronald N. est avant tout un homme dont, effectivement, un membre de la famille était proche du pouvoir libanais. À vrai dire, l'affaire du « Baalbeck » est la rencontre de deux fous et d'un immature complet.

On a dit que Ronald N. était un baratineur, un frimeur et un homme intelligent. Pourtant, il ne prononce pas deux phrases sans se contredire. Il est incapable de dire que sa chemise est rouge alors qu'elle est blanche. Il ne peut pas être considéré comme coauteur des trois assassinats, parce que les frères B. ne l'avaient pas attendu pour montrer leur cupidité et leurs violences conjugales. Il est facile de créer un mythe et un monstre.
Dire que Ronald N. est le catalyseur du drame diminue la responsabilité des autres. Mon client n'a pas pu contrôler les deux fous et il faut arrêter de le diaboliser. Il faut le traiter comme un être humain, pas comme le diable !

## Hallucinant

Malgré l'extrême gravité des faits, il n'a pas toujours régné une ambiance sereine durant ce long procès : avocat qui a tendance à s'endormir, membre du jury qui l'imite, juré qui se déchausse et qui suit une plaidoirie les doigts de pieds en éventail, fréquents retards d'avocats aux reprises d'audiences, sonneries intempestives de portables dans le public, et même utilisation d'un appareil par un spectateur en pleine séance !

Assurément, la longueur de certaines audiences – plusieurs se sont terminées en toute fin de soirée, voire au début de la nuit – avait fait relâcher l'attention de divers « acteurs » de ce procès exceptionnel.
Pourtant, la vision de diapositives retraçant les phases essentielles de l'autopsie des corps mutilés et en état de décomposition avancée, ainsi que quelques témoignages, ont été autant de gifles à la nature humaine.
Souvent, au cours de ce procès, les limites ont été dépassées quand l'horreur a succédé à l'indignation, le dégoût à la répulsion, la colère à la tristesse. Hallucinant, donc, le comportement de certaines personnes...

## Le verdict

Cinquante-trois questions ont été posées aux jurés concernant la culpabilité des trois accusés : homicides volontaires ? Assassinats ? Déséquilibrés mentaux ? Attentats à la pudeur ? Viols ?

À l'issue de près de cinq heures de délibérations, les douze jurés ont rendu un verdict particulièrement nuancé :

• Ghassan B. a été reconnu coupable de l'assassinat de Nazira et de Donia et du meurtre de Jacqueline George. Il a été acquitté pour le viol et l'attentat à la pudeur sur sa petite fille.

• Helmi B. a été reconnu coupable du meurtre de Nazira et de Donia et de l'assassinat de Jacqueline George.

• Ronald N. a été reconnu coupable du meurtre de Nazira, de coups portés à Donia sans responsabilité de sa mort et du viol du fils de Ghassan. Il a été acquitté pour les faits de mœurs concernant la fille de ce dernier.

Il restait à infliger les peines aux trois coupables, après avoir entendu les dernières plaidoiries, dont celle de l'avocat de Ronald N. :

- Ne condamnez pas mon client à la peine de trente ans réclamée par l'avocat général. Ronald N. n'a pas d'antécédents judiciaires et sa vie est un véritable désert affectif. Ainsi, son père vient de m'écrire qu'il ne le considérait plus comme son fils.

À l'énoncé du verdict, Ronald a poussé des hurlements sauvages. Il nie le viol du petit garçon : « Je n'aime que les femmes ! » m'a-t-il certifié. Ronald a l'âge où l'on peut encore trouver l'amour, car il a vraiment besoin d'un guide.

Me Gallant a conclu :

- En prison, Ronald sera considéré comme un pédophile. Il va devenir le souffre-douleur des dealers et des braqueurs...

Le jury s'est retiré de nouveau pour délibérer, mais, cette fois, accompagné de la présidente Karin Gérard – c'était son cinquantième procès d'assises – et de deux magistrats.

Trois heures supplémentaires ont encore été nécessaires pour décider du sort des trois hommes :

- Ghassan B. : réclusion à perpétuité.
- Helmi B. : réclusion à perpétuité.
- Ronald N. : trente-cinq ans de prison.

## RÉMY LECRENIER ET LE QUADRUPLE CRIME DE BAS-OHA

C'est le sourire aux lèvres que Rémy Lecrenier, 30 ans, accusé d'avoir assassiné une maman, Geneviève Tellier, 50 ans, et ses trois filles (Laurence, 19 ans, Vanessa, 21 ans, et Vinciane, 23 ans), entre dans le box des accusés de la cour d'assises de Liège (décembre 1999), sous le regard d'un public imposant, d'une quarantaine de journalistes et de reporters, de la Cour, des avocats, des jurés, mais aussi de Philippe Tellier, celui qui a perdu à tout jamais son épouse et ses trois enfants.

Quelques heures plus tard, alors que les faits commencent à être décortiqués avec minutie par la Cour, des experts et des témoins, Rémy Lecrenier se sent défaillir. Il est vrai que l'horreur de son quadruple geste criminel glace d'effroi l'assemblée.

Au cours de la première semaine du procès, la thèse du « coup de folie » et le fait de nier la préméditation et d'autres charges émises à son encontre par l'accusation semblent même s'estomper face à la détermination cynique dans l'accomplissement des quatre crimes et des deux viols (sur Laurence et Vinciane).

Lecrenier ne paraît donc pas aussi « fou » qu'il a prétendu l'être afin de bénéficier de certaines circonstances atténuantes..., entend-on à Liège.

Ce méga procès s'étirant sur deux semaines (90 personnes appelées pour la formation du jury, 130 témoins et experts, 56 pages pour l'accusation...) et placé sous haute surveillance policière puisque l'accusé a prévenu qu'il allait « tenter quelque chose », se déroule dans une atmosphère très lourde.

À chaque moment, le spectre des quatre femmes semble planer sur les débats, alors que Philippe Tellier, aux côtés de sa fille aînée née d'un premier mariage, ne cesse de regarder avec dignité celui qui a enlevé la vie à son épouse et à leurs trois enfants.

Un Rémy Lecrenier à la limite de l'indécence: il sourit, scrute la salle avec insistance, commente en gesticulant le choix des jurés (six hommes, six femmes et quatre jurés de complément, compte tenu de la longueur des débats), et tente même de « tailler une bavette » aux gendarmes qui l'encadrent.

**D'autres relations affectives...**

Mme Lejeune, avocate générale, lit son acte d'accusation d'une voix forte et déterminée :

- Nous sommes le 7 juillet 1997, vers 15 heures. Philippe Tellier est en Espagne. Il a fait l'acquisition d'un bungalow il y a deux ans et prépare les futures vacances de sa famille. Il s'étonne que son épouse, Geneviève, restée dans leur maison de Bas-Oha avec leurs trois filles, n'ait pas encore donné le coup de téléphone convenu. À 15 heures 30, Philippe Tellier a enfin quelqu'un en ligne : c'est Rémy Lecrenier.
- Quel genre de garçon est ce dernier ?
- Orphelin de père dès l'âge de 11 ans - son corps fut

retrouvé dans la Meuse en 1979 -, Rémy est considéré comme jovial, fier de sa personne, mais cherchant la sympathie de son entourage. Il a eu plusieurs relations affectives et est devenu papa d'un petit garçon né en 1989, pour qui il verse une somme de 5 000 francs (125 euros) chaque mois.

Après une formation en maçonnerie, il obtient le grade de caporal à l'armée, devient chômeur et se complaît dans les activités sportives, plus particulièrement le karaté. C'est dans un club sportif qu'il rencontre Vinciane Tellier.

- Comment Lecrenier fut-il accueilli dans la famille Tellier ?

- Le père n'appréciait guère la liaison de sa fille Vinciane avec Rémy : « C'est un garçon oisif, déjà père de famille et plus âgé que Vinciane... »

Après quelques emplois saisonniers, tout en possédant une Golf GTi offerte par son grand-père, Lecrenier s'est engagé comme maçon dans une entreprise. Le couple qu'il forme avec Vinciane semble bien marcher.

Parallèlement, Rémy fréquente un stand de tir à Waremme et s'y présente avec un Colt 45, alors qu'il n'a pas d'autorisation de port d'armes.

Philippe Tellier finit cependant par permettre à Lecrenier de s'installer dans sa famille, et celui-ci lui remet 10 000 francs (250 euros) mensuels pour son « entretien ».

Mais Rémy Lecrenier a d'autres relations affectives et, petit à petit, de fréquentes disputes éclatent entre Vinciane et lui. D'ailleurs, elle décide de se séparer de lui, ce qui semble se passer sans heurt.

**« Je n'ai pas eu la force de me suicider »**

Depuis l'Espagne, Philippe Tellier est surpris d'avoir Rémy Lecrenier, et non son épouse, au bout du fil. Inquiet, il téléphone à son beau-frère, le frère de Geneviève, et lui demande d'aller voir dans la maison.

C'est le début de la découverte de l'horrible quadruple drame.

- Le beau-frère pénètre dans la maison vers 22 heures. Il y découvre le téléphone décroché et un corps étendu : celui de sa sœur, froid et sans vie. Il téléphone à Philippe Tellier, et celui-ci lui demande d'enfoncer les portes des chambres des filles. Les gendarmes arrivent sur les lieux... À l'étage, il y a des coulées et des éclaboussures de sang.
Vinciane est couchée sur le ventre, le torse dénudé et la tête enfouie dans son peignoir. Elle baigne dans une flaque de sang : elle a été abattue par des coups de feu, et une flèche très pointue portant trois lames effilées, tirée avec une arbalète, lui transperce le cœur.
Sur la plante d'un pied, on lit, inscrit au marqueur : « Désolé », sur l'autre plante : « Tu m'as rendu fou ».
Un peu plus loin, on découvre Laurence et Vanessa sous un édredon, elles aussi ont été exécutées. Des traces de viol sont relevées sur Laurence.
Dans la cuisine, sur un tableau où la famille note différents messages, une signature : « Je suis devenu complètement fou à cause de votre fille aînée. R. »

À la suite des autopsies, et à la lecture de différents éléments de l'enquête, il apparaît que Vanessa et Laurence sont mortes le matin, puis la mère a perdu la vie dans

l'après-midi et, enfin, Vinciane, en début de soirée.
Sept coups de feu ont été tirés au total, tous par derrière, à courte distance. Ces coups ont été tirés pour donner la mort.

Geneviève Tellier était considérée comme une femme consciencieuse, dynamique et efficace. Elle était directrice d'un grand magasin. Les trois filles étaient bien élevées, joviales, sympathiques et fort appréciées. Vinciane était infirmière diplômée; Vanessa, qualifiée en éducation physique, se formait en ergothérapie, alors que Laurence allait entamer sa dernière année d'études comme puéricultrice.

- Quelle est la version des faits donnée par l'accusé?
- Rémy Lecrenier a déclaré aux enquêteurs: «Je ne me souviens plus de tous les événements, sauf que je déplorais que Vinciane se mette à fumer.» Il leur a aussi expliqué le déroulement des faits:
«Le jour du drame, je bois du Cointreau, je suis armé de mon pistolet parce que je veux me suicider. Mais Laurence voit l'arme et tente de me la retirer. Un coup de feu part accidentellement et l'atteint. Alors, tout s'enchaîne. Je tire parce qu'elle bouge encore. Vanessa arrive, je tire. C'est l'engrenage. Il y a du sang partout...
Ensuite, je quitte la maison de Bas-Oha pour aller chercher de l'argent dans des banques. Je bois encore du Cointreau le long de la Meuse. Et puis, je vais acheter des vidéos, une pizza, une arbalète et un couteau de chasse. Je retourne à la maison des Tellier, je m'y installe, je mords dans la pizza, mais je suis dégoûté. Je tire à l'arbalète dans un meuble et sur une cible.
Soudain, j'entends la porte d'entrée s'ouvrir. J'empoigne le pistolet, je tire dans le dos de Geneviève. Je la traîne jusqu'au garage, puis je remonte au salon, où je visionne des vidéos.

Ensuite, je vais à la rencontre de Vinciane, l'arme à la main. J'ai des rapports sexuels avec elle, elle tend la main vers l'arme, je lui saisis les poignets, je tire les deux dernières cartouches et une flèche.
Enfin, je rassemble mes affaires, je pars en voiture, je roule toute la nuit en buvant du Cointreau. Je me dirige vers Ramatuelle, dans le sud de la France.
Je tente de me supprimer, mais je n'ai pas la force de presser la détente. Je m'installe au camping. »

Aux enquêteurs français qui l'arrêteront dans le camping, Rémy Lecrenier expliquera: « Je les ai tuées, mais il n'y avait pas de préméditation. J'avais bu de l'alcool et je n'ai pas violé Laurence et Vinciane. D'ailleurs, j'entretenais une relation avec Vinciane depuis huit ans... »
- Quelles sont les charges que l'avocate générale tient à l'encontre de l'accusé?
- Quatre assassinats, c'est-à-dire homicides volontaires prémédités, avec l'intention de donner la mort, et viols sur Laurence et Vinciane.

**« J'avoue être un meurtrier »**

L'enquête de moralité dressée par la police judiciaire de Huy apporte un autre éclairage sur la personnalité de Rémy Lecrenier, mais aussi un premier élément d'importance sur le mobile des quatre crimes:

- Rémy Lecrenier, au casier judiciaire vierge, est considéré comme calme, jovial, méticuleux, non violent, aimant le sport, ne s'adonnant ni à la boisson ni au tabac. Néanmoins, on le dit possessif et jaloux par rapport à Vinciane, et parfois égoïste, fier et vaniteux. Il pourrait s'être vengé par rapport à Philippe Tellier, qu'il tenait pour responsable de sa séparation avec Vinciane.

Me Vander Eecken, avocat de l'accusé, demande la parole :

- Nous plaiderons coupable pour les quatre homicides. L'acte était monstrueux. Ce procès est le résultat de la passion meurtrière de deux êtres réunis pour le pire. Dans l'affaire Lecrenier, il ne reste que la mort et la prison...

- Quel est l'état d'esprit de Rémy Lecrenier ? A-t-il des remords ?

L'avocat lit un message de celui-ci :

« J'avoue être un meurtrier et je demande pardon à M. Tellier et à sa famille. Je demande pardon à ma mère et à mes grands-parents : je suis un fils et un petit-fils indignes. Je demande pardon à mon fils, que j'ai perdu jusqu'à la fin de mes jours. Je demande pardon à la société. Je n'ai pas prémédité mes gestes, je ne suis donc pas un assassin. Je n'ai pas violé Laurence, mais je plaide coupable pour Vinciane, car elle ne devait pas être dans son état normal... Je n'ai jamais autant aimé une femme que Vinciane ! »

**Descente sur les lieux**

Le troisième jour du procès est un véritable tournant dans cette dramatique affaire :

. Palais de justice de Liège, 9 heures. Le président Godin déclare : « La séance de ce jour se tiendra à Bas-Oha, dès 9 heures 45. »

. Bas-Oha, 9 heures 30 : après avoir franchi trois barrages « filtrants » successifs dressés par la police et la gendarmerie locales, la caravane des journalistes est stoppée à 200 mètres du lieu du drame. L'endroit est totalement vide de ses habitants.

« Pas de presse ! Le président du tribunal a donné ses instructions en ce sens. »

Palabres et explications sur la nécessité de faire son travail s'entrechoquent à quelques pas de l'imposante villa blanche située rue Libert, sur la rive gauche de la Meuse.

. 9 heures 45 : solidement encadré par des gendarmes, Lecrenier arrive dans un fourgon cellulaire, qui stationne face à la villa. Les experts désignés par la justice et différentes autorités judiciaires sont déjà sur place : médecins légistes, spécialistes en balistique, juge d'instruction et membres de la police judiciaire de Huy.

. 9 heures 47 : les journalistes insistent et argumentent : « Les débats d'une cour d'assises doivent être publics, sans quoi il y a risque de cassation ! »

. 9 heures 49 : le convoi « officiel » approche du lieu du drame, escorté par la gendarmerie. La Cour, les jurés, avocats, huissiers et greffiers ont pris place dans un car de la gendarmerie. Derrière celui-ci, monsieur Tellier et des proches suivent dans des voitures privées.

. 9 heures 52 : l'autorisation de laisser passer les journalistes est donnée par le président Godin, qui a admis leur argumentation :

- Tout le monde doit effectuer son travail dans une compréhension mutuelle et dans le respect des nouveaux occupants de la maison où s'est déroulé le drame. Ces nouveaux habitants n'ont rien à voir avec cette affaire. Je demande donc à la presse de patienter à l'extérieur. Quant à nous, nous allons faire cela le plus discrètement possible.
- S'agit-il d'une nouvelle reconstitution des faits?
- Nous nous sommes déplacés jusqu'ici afin de montrer aux jurés les lieux, qu'ils puissent se faire une opinion.

À quelques centimètres l'un de l'autre, se trouvent Rémy Lecrenier, menotté, et Philippe Tellier, écrasé par le chagrin. Celui-ci ne veut plus entrer dans la maison – et pour cause! – et déclare:

- C'est angoissant de vivre ce moment-ci. J'ai vendu la maison parce que je ne pouvais plus y vivre.
- Quel est votre sentiment par rapport à cette visite des lieux?
- On va peut-être enfin savoir ce qui s'y est réellement passé. Surtout au sujet du viol de la petite... J'espère donc que cette visite servira à quelque chose. Mais j'y étais favorable, car plus on en fera, mieux ce sera pour connaître la vérité.

Philippe Tellier, effondré, s'engouffre alors dans une voiture et attend la suite des événements.

. 10 heures 50: la visite est terminée. Le président Godin prend la parole:
- Nous avons fait le tour de la maison avec le jury, les experts et l'accusé. Nous avons visité le hall, la cuisine, le living, les chambres de Vinciane et de Laurence... L'expert

en balistique a montré la direction des tirs.
- Lecrenier a-t-il participé à cette visite?
- Puisqu'il était présent, il y a participé, mais il n'a rien dit de particulier. Je vous rappelle que notre but était de montrer les lieux, non de refaire une reconstitution.

• 10 heures 55: Rémy Lecrenier remonte dans le fourgon cellulaire, les jurés regagnent le car et Philippe Tellier sort péniblement de son véhicule.
Me Remy, son avocat, s'entretient avec lui, puis s'adresse aux journalistes:

- La conclusion à tirer à la suite de cette visite est que la version donnée par l'accusé ne tient pas. Les points d'impact des tirs ne coïncident pas avec ses déclarations. De plus, l'hypothèse de sa tentative de suicide est exclue.
- C'est bien à une nouvelle version des faits que vous avez assisté?
- Les séquences du drame peuvent effectivement s'élaborer comme suit: l'accusé est d'abord entré dans la chambre de Laurence, où se trouvait aussi Vanessa. Lecrenier a tiré sur celle-ci, mais sans l'atteindre. Laurence se serait mise à genoux, peut-être pour le supplier. Il a tiré sur elle, puis il a également tiré sur Vanessa, qui tentait de s'échapper. La jeune fille est tombée en arrière. Il a alors achevé Laurence, qui s'agrippait à la garde-robe. Puis, il l'a violée, dans tous les sens du terme, alors qu'elle était morte.
- Comment a réagi Rémy Lecrenier face à cette nouvelle version?
- Lecrenier est un manipulateur et un menteur, mais à chaque fois qu'il est en difficulté, il se retranche dans le silence ou dit qu'il ne se souvient plus des faits. À vrai dire, il a une mémoire très sélective! Durant cette visite, il n'a

cessé de regarder le sol et il est seulement intervenu dans la chambre de Laurence.
Cela dit, vous devez comprendre que M. Tellier ne puisse plus s'exprimer pour l'instant: cette visite était pénible, insoutenable pour lui.

## Narcissique et pervers

Face à ce rebondissement, comment allaient réagir les différents experts-psychiatres appelés à témoigner au lendemain de la visite?
Après avoir menacé de «shooter des journalistes», Rémy Lecrenier regagne le box.

Il lance un rapide regard vers la salle encore archicomble, puis l'accusé (souriant ou agité d'un rictus nerveux?) s'installe et dévisage le trio d'experts-psychiatres qui s'avance à la barre pour répondre à la question essentielle du procès: Rémy Lecrenier est-il responsable de ses actes ou relève-t-il de l'internement?

• Dr Godefroi, neuropsychiatre:

- C'est par un collège d'experts que l'accusé fut examiné. Nous en déduisons que Rémy Lecrenier a une personnalité immature, avec des éléments narcissiques et pervers. Il veut toujours posséder et s'imposer.
Au moment des faits, durant les douze heures du drame, il a exécuté ses gestes de façon froide, tout en gardant le contrôle de ses actes. Il est donc responsable de ses actes.
- Est-il narcissique?
- Il multiplie les femmes, peut en mener plusieurs à la fois et a compté de trente à quarante conquêtes féminines suc-

cessives. Il reçoit beaucoup de visites en prison.
- Est-il un obsédé sexuel?
- Il a toujours des relations totales: vaginales, anales et buccales. Il considère sa partenaire comme un objet afin de la posséder.
- A-t-il une double personnalité?
- Il a une personnalité à plusieurs facettes. Il a une absence de considération pour les autres. Tout tourne autour de lui. Pas une seule fois Vinciane n'est apparue comme sa partenaire. Il n'a pas de véritables remords, mais il exprime des regrets parce que le drame l'a mené là où il est!

• Un neuropsychiatre:

- L'accusé n'a jamais caché son fonctionnement sexuel. De plus, il a signé ses actes pour montrer son importance à lui. C'est comme les pervers quand ils laissent des traces.
- Est-il exhibitionniste?
- Cela fait partie de sa personnalité. Il a besoin de reconnaissance permanente et de recueillir l'approbation des autres.
- Y a-t-il une signification au fait d'avoir recouvert les quatre corps?
- C'est aussi une facette de sa personnalité, son côté affable, en somme. Il y a un aspect ordonnant et ordonné. Il s'est senti trahi, donc il a puni. Comme tous ces cadavres faisaient désordre, il les a recouverts comme pour les nier.
- Il dit ne pas supporter la vue du sang, mais il s'est entouré de morts.
- Cela s'explique par la rage apparue lorsque son couple avec Vinciane battait de l'aile et par un sentiment de vengeance. Cela dit, il se prétend non responsable du drame et prétexte qu'il a été poussé dans ses gestes.

- Et l'arbalète?
- Au-delà de sa passion pour les armes, son utilisation de l'arbalète a été très symbolique: ainsi, il a signé son acte jusqu'au bout. C'est un homme dangereux et on n'est pas à l'abri de son impulsivité. Il n'a de regrets que pour lui!
- Pourquoi ce drame?
- C'est la punition à l'égard de tout ce qui lui échappe. C'est un travail de justicier, un comportement de justicier en détresse.

• Dr Van Assche, neuropsychiatre:

- Il utilise systématiquement le mot «accident» et réfute le meurtre ou l'assassinat. Il est narcissique et a eu le désir d'un contrôle permanent sur l'existence de Vinciane. À dire vrai, il fait ce qu'il veut, où et quand il veut.
- Comment décrit-il sa détention en prison?
- Il trouve que la prison de Huy est confortable, familiale et qu'on y mange bien. Même en prison, il désire contrôler la situation, tout en disant qu'il n'y est pas à sa place et que c'est la fatalité qui l'y a conduit. «Je prends mon mal en patience en attendant que tout ce cirque se termine», nous a-t-il clamé. Dans son univers, il n'y a pas de place pour les autres, sauf pour servir ses intérêts. Il rejette même la responsabilité de ses actes sur le père Tellier: «On m'a rendu fou!» Le seul regret qu'il exprime, c'est sur son propre sort.

**Dément ou pas dément ?**

À la demande de la défense de Rémy Lecrenier, une triple contre-expertise a été effectuée.

• Dr Crochelet, psychiatre :

- L'accusé a une structure psychotique paranoïaque avec une affectivité « particulière ». Nous le croyons sincère quand il parle d'accident, quand il dit qu'il a disjoncté, qu'il a pété les plombs et qu'il ne se reconnaît pas. Il est plausible que l'accusé soit de bonne foi quand il a des trous de mémoire.

• Mme Dejardin, psychologue :

- Rémy Lecrenier s'est constitué une carapace et, parfois, il a un « moi » fragilisé. La maladie mentale est une des possibilités de pareille évolution. C'est à travers une organisation sans faille, ritualisée, qu'il parvient à rester en contact avec la réalité sociale. Toute interruption de la planification entraîne un risque extérieur.
- N'est-ce pas en prison qu'il serait donc le mieux ? lance Me Remy, avocat de la famille Tellier.
- (Silence)

• Dr Matagne, expert en médecine :

- J'ai exclusivement étudié le dossier. Les experts-psychiatres ont vu Lecrenier un ou deux ans après les faits : c'est un problème majeur.
J'ai analysé leurs rapports, mais, depuis lors, des éléments supplémentaires sont apparus, sur l'ordonnancement des

tirs, par exemple.
L'état psychologique de l'accusé est-il le même qu'auparavant ?
Pourquoi ne pas avoir entendu la psychologue française qui l'a rencontré à trois reprises directement après les faits ?
Rémy Lecrenier avait une relation passionnelle tumultueuse, mais il était amoureux de Vinciane et élaborait des projets pour leur avenir en commun.

• Mme Lejeune, avocate générale :

- Le docteur Matagne a dit que Lecrenier était une personne crapuleuse ou un fou. Alors, est-il fou ou non ?
- Lecrenier ne souffre pas d'une maladie mentale, déclare le Dr Van Assche.

Dans le box, l'accusé se frotte les yeux, gesticule, comme pour sortir de sa torpeur : la « bataille » des psys est terminée. Une bataille qui a accouché d'une souris, puisque chaque partie est restée sur ses positions sans faire évoluer de manière significative le débat sur la personnalité de Rémy Lecrenier.

Quelque 130 témoignages doivent suivre...

**Ils ont dit (lors de la première semaine)**

• Carine, la fille aînée de Philippe Tellier, née d'un premier mariage, a assisté à la visite de la maison du drame au troisième jour du procès, après avoir rapporté devant la Cour que Rémy Lecrenier avait un jour lancé : « Si ça ne marche pas avec Vinciane, le père Tellier s'en souviendra toute sa vie ! »

Visiblement émue, elle nous a déclaré : « Je me suis retrouvée très près de Lecrenier. Ce fut un moment particulièrement dur. Il n'a pas arrêté de regarder le sol... »

• Me Vander Eecken, avocat de l'accusé, à l'issue de cette même visite à Bas-Oha :

- Plusieurs hypothèses ont été émises par l'expert en balistique. Donc, le doute profite à la défense.

• Un membre de la police judiciaire de Huy :

- Je suis descendu sur les lieux le jour du drame. Il fallait s'accrocher. C'était pénible à supporter et il n'y avait pas de place pour les âmes sensibles. Les trois filles représentaient la jeunesse... Tuer son amie, c'est déjà incompréhensible, mais tout ce drame... Comment le comprendre ? Comment comprendre que cela s'est déroulé durant toute une journée et que, entre deux coups de feu, l'accusé est allé chercher de l'argent à la banque ?

**L'étrange fascination du tueur**

Outre l'ampleur du drame qui est au centre des débats, ce qui surprend dans cette affaire, c'est l'étrange fascination que l'accusé exerce sur de nombreux spectateurs, et plus particulièrement sur des jeunes filles venues en rangs serrés au palais de justice de Liège voir le « beau Rémy ».

Bien sûr, il y a les quatre victimes que l'on ne peut effacer de sa mémoire, mais, déjà, on lui trouve des excuses : « Tout le monde, un jour ou l'autre, peut être amené à commettre une folie... »

Bien sûr, il y a la problématique concernant le viol de Laurence. Lecrenier affirme avoir eu des relations consentantes avec la jeune fille la veille du drame, alors que les médecins légistes précisent que cette thèse est techniquement impossible, compte tenu de certaines « traces » qu'ils ont relevées, c'est-à-dire que Laurence ne bougeait plus « après ». Lecrenier serait-il nécrophile ? Au lendemain de cette déposition, les rangs des spectatrices étaient toujours aussi compacts.

Bien sûr, si Lecrenier jouait sur plusieurs tableaux « intimes » à la fois (« Vous pouvez même mener trois cœurs de front », lui dit le président Godin), c'est parce qu'il était « déstabilisé » dans sa relation affective avec Vinciane. C'est une hypothèse parmi d'autres.

À entendre certaines personnes, la « faute » serait même à mettre sur le dos de Philippe Tellier, le père qui « empêchait » le couple Vinciane-Rémy de s'aimer.

Le rôle de la cour d'assises consiste à faire le tri entre les éléments du dossier, certains incontournables, et les états d'âme et rumeurs, parfois déplacées, choquantes ou franchement malsaines.

À ce titre, jamais - jusqu'à présent -, Rémy Lecrenier n'a voulu s'expliquer sur le fait qu'il a trouvé la force nécessaire pour tirer, même avec une arbalète, sur les quatre femmes, mais qu'il n'a pas eu celle de presser la détente alors qu'il désirait se supprimer, entend-on dans les travées du palais de justice.

Alors?

Est-il un être lâche, orgueilleux, impassible devant la détresse et la douleur de ce qui reste de la famille Tellier?

Ou bien est-il un être qui a été complètement déstabilisé au fil de ses multiples relations affectives ou qui a « tué » le « père Tellier » à défaut d'avoir pu aimer et côtoyer son propre père, ce qui n'excuse en rien le geste criminel, mais permet de le comprendre?

**« Il a gravé une balle avec mes initiales »**

Place, à présent, à quelques témoignages:

• Yves U., ex-conjoint de Carine, fille de Philippe Tellier:

- J'ai assisté à quelques séparations mouvementées entre Vinciane et Rémy. Celui-ci était possessif, orgueilleux, fier et vaniteux, au point de déclarer: « Vinciane est à moi, elle m'appartient. » Elle m'a dit avoir peur de Rémy: « Il a gravé une balle d'arme à feu avec mes initiales... »

- Quelle était l'attitude de M. Tellier avec l'accusé?

- Au début de la relation entre Vinciane, très jeune à l'époque, et Lecrenier, plus âgé qu'elle, M. Tellier trouvait que, pour se forger un avenir professionnel et un ménage, il valait mieux qu'elle se cherche un autre mari.

Les parents Tellier eux, étaient travailleurs et courageux. Le père avait un excellent contact avec ses filles. Un jour, je suis quand même intervenu entre M. Tellier et Lecrenier, celui-ci l'ayant nargué. Je pensais qu'il allait casser la figure à mon beau-père et je lui ai dit que cela ne servirait à rien. Jamais je n'ai pensé qu'il aurait pu commettre un tel acte.

Autre témoignage d'importance, celui de Sabine, la mère d'un enfant naturel de l'accusé :

- J'ai accepté que Rémy ait une autre relation en parallèle avec moi. Il était calme, non violent et affectueux. J'ai été enceinte accidentellement, mais j'ai décidé de garder l'enfant. J'ai tenté de responsabiliser Rémy, mais il était trop jeune à l'époque. Néanmoins, il a reconnu notre garçon à la naissance. Je l'ai quitté quand il a fréquenté Vinciane, mais il est resté fidèle à notre fils.

• Nancy, ex-petite amie de Rémy Lecrenier :

- Je l'aime toujours. C'est un garçon bien avec moi.
- Avait-il des tendances sadomasochistes ? lui demande le président Godin.
- Non, il avait une attitude « physique » normale.

• Raoul, ami de l'accusé :

- Je n'ai jamais eu le moindre problème avec Rémy. Il était calme, ponctuel. Il n'a pas été choqué que je me moque un peu de lui quand il s'est fait jeter par sa petite amie. Je ne l'ai jamais vu violent. Nous pratiquions le paint-ball ensemble.
- En quoi cela consiste-t-il ?
- Nous simulions des combats et tirions avec des armes chargées de balles remplies de couleurs.
- Vous, au moins, vous n'avez pas été plus loin et n'avez

jamais tué! lui dit l'avocate générale, Mme Lejeune.

**«J'ai avorté sans qu'il le sache»**

• Laurence, amie de Vinciane:

- Rémy et Vinciane avaient l'air de bien s'entendre. Il m'avait confié avoir des projets d'avenir avec elle.

• Nancy, ex-petite amie de Rémy Lecrenier:

- C'était un garçon bien, gentil, pacifique, sérieux, correct, pas possessif ni jaloux. J'ai été enceinte de lui, mais j'ai avorté sans qu'il le sache, puisque ni lui ni moi ne prenions cette liaison au sérieux.
Je l'ai revu l'avant-veille des faits, mais sans plus: le feu était éteint depuis longtemps entre nous.

• Éric, ami d'enfance de Rémy Lecrenier:

- Le décès de son père l'a marqué. Il pleurait régulièrement devant moi, car il ne comprenait pas que son père ait été retrouvé, roué de coups, noyé dans la Meuse, et que la justice ne lui donnât point d'explication sur cette mort.
Rémy avait peur du sang. Même à la pêche, il n'osait pas accrocher un asticot à l'hameçon!
- Cela vous fait sourire, M. Lecrenier! lui lance l'avocate générale.
- Cela me rappelle le passé...

Le témoin reprend la parole:

- Pour moi, Vinciane a été la première à le jeter, alors que

c'était la première fois qu'il aimait autant une femme. Il n'a pas compris...
- Comment expliquez-vous ce drame?
- C'était certainement quelqu'un d'autre au moment des faits, un autre Rémy. Je ne l'ai jamais vu lever la main sur quelqu'un. C'est ça que je ne comprends pas non plus...

**Ils ont dit (lors de la deuxième semaine)**

• Des collègues de travail de Geneviève Tellier-Resbaux:

- C'était une personne gentille, travailleuse, sociable, discrète et très professionnelle. Chez Delhaize, elle avait gravi tous les échelons: de la caisse à la gérance d'un grand magasin. Elle allait partir en vacances et était sereine, elle se disait même heureuse. Elle gérait le magasin comme une mère de famille gère son ménage, avec réalisme et efficacité. Elle était appréciée de ses collègues comme de ses supérieurs.

• Maria, connaissance de Rémy et de Vinciane:

- Quand Rémy nous a expliqué que Vinciane et lui allaient se séparer, il avait les larmes aux yeux.

• Jean-Pierre, ami de la famille Tellier:

- Mon épouse et moi prenions cette famille en exemple pour élever nos propres enfants.

• Renée, femme de ménage chez les Tellier:

- Je n'ai jamais apprécié Rémy Lecrenier. Il était trop poli et trop gentil que pour être honnête (*rires dans la salle d'audience*). Vinciane avait peur de lui.

• Me Remy, avocat des parties civiles :

- Lecrenier a voulu punir Philippe Tellier. Il y est parvenu au-delà de toute espérance, éternellement. Chez M. Tellier, la lumière est éteinte définitivement.

• Mme Lejeune, avocate générale :

- En ce dernier jour du procès, Lecrenier ne gesticule plus dans son box et il ne peut plus soutenir mon regard. Suicide ? Il n'a certainement pas trouvé sa tempe parce qu'il n'avait pas de miroir à sa disposition...

**« Vous ne savez pas aimer une femme ! »**

Dans leurs plaidoiries, Mes Remy et Noir, conseils des parties civiles, rappellent les propos tenus à l'issue de la visite de la Cour à Bas-Oha, sur les lieux du drame :

- Rémy Lecrenier est un tireur chevronné, maître de lui, qui a semé la désolation après s'être incrusté en monstre, malin comme le diable, dans la famille Tellier. C'est un homme indécent et lâche. Personne ne croit à ses tentatives de suicide. Il a souillé Vinciane et est l'auteur d'un carnage.

Madame Lejeune, avocate générale, prend à son tour la parole :

- Six balles dans quatre têtes ! Lecrenier savait fort bien comment s'y prendre et il n'a laissé aucune chance à toute une famille !

Aucune législation, aucune religion, aucune philosophie ne lui permettaient de bafouer ainsi la loi. Si le jury tient son sort entre ses mains, il tient aussi celui de la famille Tellier et de toute la société. Nous devons conserver nos règles. Juger, c'est comprendre ; ce n'est pas pardonner, ni se venger, ni banaliser.

Les trois filles étaient à l'aube de leur vie de femmes, toutes les trois exerçaient des métiers tournés vers l'« autre ». Lecrenier ne leur a pas permis de concrétiser leurs désirs. De plus, l'estime de tous était acquise à leur mère.

Dans le box, l'accusé reste impassible. L'avocate générale poursuit :

- Lecrenier, vous ne savez pas aimer une femme ! Le cœur et la douceur sont absents de votre personnalité (*Se tournant vers le public.*) Si je m'incline devant la mort de son père, je constate que cette mort a augmenté l'agressivité de l'accusé. Tout comme la naissance de son enfant, considérée comme un « coup dur ». Comment peut-on considérer une naissance comme tel ! Votre solution, M. Lecrenier, était de faire éclater le groupe pour vous venger de Philippe Tellier. Votre double personnalité a fait en sorte que Vanessa, Laurence, Geneviève et Vinciane ne se réveillent jamais plus !

## « Cet homme n'a jamais cessé d'être admirable »

Inutile de préciser l'ampleur de la tâche des défenseurs de Rémy Lecrenier. Ils l'ont néanmoins remplie avec beaucoup de pudeur et de délicatesse par rapport aux victimes et à leurs proches :

• Me Vander Eecken :

- Je ne voulais pas prononcer ma plaidoirie sans faire part de mon émotion intense face à un homme enchaîné par les maillons du malheur. C'est bien de Philippe Tellier que je veux parler. Cet homme n'a jamais cessé d'être admirable. Je salue son attitude magnifique. En toute humilité, je lui demande pardon, ainsi qu'à la société.

C'est vrai que Rémy Lecrenier a un visage glacial, mais je l'ai aussi vu pleurer à maintes reprises. Même le pire des criminels, le pire des bourreaux a droit à la vérité sans complaisance ni rancœur.

Nous plaidons l'absence de préméditation et demandons au jury et à la Cour d'examiner son passé pour comprendre – je n'ai pas dit « excuser ». Un manque d'affection a entraîné un comportement dominateur et jaloux avec les femmes. Rémy Lecrenier est devenu justicier, convaincu de l'assassinat de son père. C'est ainsi qu'un criminel potentiel est né ! Un justicier déboussolé.

Je suis convaincu qu'il se serait suicidé si Laurence n'était pas intervenue et j'opte pour le coup de feu accidentel ayant entraîné le processus criminel. Même les experts considèrent cette scène comme plausible. Le doute doit donc profiter à la défense.

• Me Mercier :

- Je regrette que les écrits de mon client n'aient pas été soumis aux graphologues. On est passé à côté d'un examen psychologique sérieux.

Le 7 juillet 1997, Lecrenier n'était pas dans les conditions psychologiques pour préméditer les faits. Il était proche de la démence, paniqué et angoissé. En s'enfuyant en France, il n'était pas non plus dans un état normal. Pourquoi s'est-il donc inscrit sous son propre nom au camping de Ramatuelle où il s'était réfugié? La préméditation exige un esprit clair. Celui de Lecrenier ne l'était pas ce jour-là.

Le président Godin s'adresse à l'accusé:

- M. Lecrenier, vous avez la parole.
- Je n'ai rien à dire.
- Les débats sur la culpabilité sont terminés!

**Le verdict**

Près de deux heures plus tard, le président du jury lit le verdict:

- En honneur et conscience, la déclaration du jury est: Rémy Lecrenier est coupable des quatre assassinats et des deux viols.

Le coupable ne sourcille pas. Les plaidoiries sur la peine débutent:

• Mme Lejeune, avocate générale:

- Je ne vois pas de place pour laisser parler le cœur en faveur de M. Lecrenier. Il n'a aucune circonstance atténuante. C'est un homme dangereux pour autrui et je dois défendre la société. Je ne veux plus que ce genre de choses puisse arriver. M. Tellier n'a plus que le cimetière comme souvenir de sa femme et de ses trois filles. Il faut écarter le plus longtemps possible Lecrenier de la société !

• Me Mercier, avocat du coupable :

- Mon client n'a pas toujours été un assassin et un violeur. Avant, c'était un homme apprécié. Il reste un être humain. Ne voyez pas dans son attitude glaciale l'expression d'un assassin et d'un violeur sans pitié. La vie humaine n'a pas de prix, je le sais, et il n'y a pas de peine pour ressusciter les victimes. Je vous propose une peine de vingt-cinq ans de prison pour mon client.

À l'invitation du président Godin, Rémy Lecrenier se lève. Il se tourne vers Philippe Tellier et lui dit :

- Je regrette sincèrement le mal que je t'ai fait. Je sais que c'est impardonnable et que je ne pourrai ni réparer ni les faire revenir. Je suis désolé...

Le jury et la Cour se retirent pour délibérer sur la peine et, après une heure trente, le président Godin conclut ce méga procès :

- Rémy Lecrenier est condamné à la réclusion à perpétuité.

Des applaudissements nourris crépitent dans la salle, Philippe Tellier tombe en pleurs dans les bras de sa fille Carine, avant d'aller embrasser l'avocate générale.

La tête basse et sans jeter le moindre regard à quiconque, Rémy Lecrenier quitte la salle, solidement encadré par des gendarmes.

Au nom de la famille Tellier, Me Remy met un terme à ce procès émotionnellement pénible :

- En ce moment, nous pensons aux quatre victimes. La justice des hommes leur a enfin été rendue.

Pour ma part, j'ai repensé, aussi, à une fleuriste, amie de la famille Tellier, dont le témoignage avait résumé l'acte tragique :

- Rémy était le tracas de cette famille. Personnellement, il m'était impossible de soutenir le regard de ce garçon. Un jour, Geneviève m'a rapporté les paroles que Rémy avait dites à Laurence : « Si, un jour, ta sœur me quitte, je vous liquide tous... »

**Père manquant, fils manqué**

Un vieil habitué des « grands » procès, qu'il suit depuis près de quarante ans en spectateur, confiait :

- Si la peine de mort existait encore, Lecrenier n'y aurait pas échappé. En présence d'un tel personnage, aussi froid, cynique, calculateur, et sans le moindre remords, sauf pour sa propre destinée, il n'y a pas d'autre solution !

Cette « sentence », sortie de la bouche d'une personne mûre, intelligente, posée, équilibrée, était tombée comme un couperet avant même l'entrée en délibération du jury populaire qui devait statuer sur le sort de Rémy Lecrenier.

En extrapolant, si ce vieil homme avait été membre du jury, gageons qu'il n'aurait pas trouvé la moindre circonstance atténuante au jeune accusé. Mais, au juste, Rémy Lecrenier en avait-il? Non, si on en croit les témoins parlant de sa volonté d'en découdre avec le père Tellier et des menaces, à peine voilées, qu'il avait proférées à l'encontre de cette famille.

Autre question: pour en arriver à un tel acte, ne faut-il pas être profondément «malade»? La réponse tomba de nouveau comme un couperet:

- S'il devait être interné, il pourrait se retrouver dans la société dans six mois... Qui pourrait être sa prochaine victime? Le père Tellier?

Étrangement, les psychiatres n'avaient guère parlé de la douleur (pour ne pas dire l'esprit de vengeance) de Rémy Lecrenier à l'égard de la mort, inexpliquée et violente, de son père. C'est sa première petite amie, Nathalie, devenue dentiste, qui l'a rappelée à quelques heures des délibérations:

- Il était traumatisé et impressionné par cette brutale disparition.

En psychologie moderne, il est souvent fait référence au thérapeute canadien Guy Corneau, auteur d'un best-seller dont le titre résume sa théorie: «Père manquant, fils manqué».

En d'autres mots, on est en présence du cycle infernal de celui qui souffre et qui fait souffrir, comme pour exorciser son mal-être. Ce qui n'autorise pas l'acte criminel, bien sûr.

Mais, un jour, Rémy Lecrenier sortira probablement de prison (certains, au palais de justice de Liège, avançaient déjà le chiffre d'une dizaine d'années).

Aura-t-il été soigné pour son mal-être, ou risque-t-il de récidiver ?

Telle était, donc, la question qui clôturait mon reportage en décembre 1999. La réponse à cette question ?

**Permission de sortie et thérapie**

Le quotidien « Le Soir » du 5 octobre 2012 titrait « Lecrenier ne sera pas remis en liberté ».

Admissible à la libération conditionnelle, le Tribunal d'application des peines (TAP) a siégé à la prison d'Andenne et, selon ce journal, « l'avocat de Rémy Lecrenier n'a pas plaidé la libération conditionnelle de son client « qui n'est pas un agneau », il a demandé une « permission de sortie » afin de bénéficier en dehors du milieu carcéral d'une assistance psychiatrique qui ne peut être menée en prison. »

Me Mercier aurait précisé qu'il ne s'agissait pas de congés pénitentiaires, mais de trois à quatre sorties annuelles pour thérapie.

Le site « 7 SUR 7 » ajoutait que Me Mercier avait aussi déclaré :

« Nous n'avons pas demandé de remise en liberté. C'est trop tôt. Cette libération qui devra un jour être envisagée se fera à moyen ou à long terme. »

# L'IGNOBLE PROSTITUTION D'ENFANTS DANS LA RÉGION DE BASTOGNE

« Mais non, il n'existe pas de réseaux de pédophilie en Belgique ! Ce ne sont que des élucubrations de journalistes et de personnes en mal de sensationnalisme... », ainsi avais-je commencé l'un de mes reportages (en janvier 2001, puis en février, août et septembre 2002) consacrés à une sordide affaire de prostitution dans la région de Bastogne.

« Depuis l'affaire Dutroux, les refrains sont toujours les mêmes. Qu'importent les faits, souvent troublants, les enquêtes mystérieusement étouffées, les procès curieux, comme s'il fallait faire diversion.

Alors que les pays voisins – pour ne pas parler d'autres nations réparties sur tous les continents – sont frappés par ce fléau, seule la petite Belgique y aurait échappé ?

Le juge Connerotte de Neufchâteau vient de lancer un fameux pavé dans la mare en démontrant le contraire.

Après avoir été écarté de l'affaire Dutroux et consorts, le magistrat chestrolais n'a pas hésité à décerner une kyrielle de mandats dans une sordide histoire de partouzes impliquant une gamine de 14 ans – appelons-la « Cathy » - à Sainte-Ode, non loin de Bastogne.

À moins qu'il ne se soit complètement fourvoyé, Jean-Marc Connerotte remet les choses à leur juste place. Hélas... »

C'est en décembre 2000 que le juge Connerotte s'intéressa de plus près aux activités du couple Pascal (36 ans) — Muriel (29 ans). Un couple qui, en février 2000, se présentait devant le tribunal correctionnel de Neufchâteau.

Les autorités judiciaires lui reprochaient quelques petites annonces racoleuses parues dans une rubrique spécialisée d'un quotidien, ainsi que dans « La Lorgnette », un journal gratuit local.

À savoir, des massages proposés par Muriel. La jeune femme se livrerait également à la prostitution et à des attouchements en présence de mineurs d'âge.

- J'ai fini par déménager, tant c'était devenu infernal, les clients s'arrêtant jour et nuit..., dit une ancienne voisine.
- Je fais ce que je veux de mon corps et il n'a jamais été question d'enfants ! clama Muriel devant ses juges.

Faute de preuves suffisantes, Muriel fut acquittée, alors que Pascal, un ancien tenancier de café à Bastogne, écopait de deux mois de prison avec sursis pour avoir inséré des petites annonces érotiques et avoir incité sa compagne à la débauche.

**Dans le collimateur des limiers...**

Mais le couple resta dans le collimateur des limiers de Neufchâteau, d'autant que des gamines – les filles de Pascal – pouvaient être en danger dans ce milieu. Quelques mois plus tard, ils découvrirent avec stupeur des dizaines de photos à caractère pédophile. Et leur chemin les ramena vers le couple...

Une dizaine de mandats d'arrêt ont été délivrés par le juge Connerotte dans un rayon de trente kilomètres autour de leur domicile.

« Cathy » était la principale victime de ce dossier de mœurs, où l'on retrouvait les noms de Pascal, Muriel, Michel (un bûcheron), Freddy (un fonctionnaire), Didier (un médecin), Joseph (un ferrailleur) et Jean-Claude (un chef d'entreprise).

« Cathy » raconta que son père abusait d'elle, qu'il la forçait à se prostituer, que des partouzes étaient organisées par lui et Muriel, que des photos étaient prises...

- J'en ai pourtant parlé à certaines personnes, dont des membres de services sociaux, soutint l'adolescente.

Sept personnes furent incarcérées, et toutes furent inculpées de viols sur mineure ou d'attentats à la pudeur avec violence ainsi que de corruption de mineure.

Certaines passèrent à des aveux complets - ce qui donnait du crédit aux déclarations de « Cathy » -, d'autres, à des aveux partiels. Le médecin, lui, nia farouchement.
Plusieurs personnes prétendirent avoir été trompées sur l'âge de la gamine.

- C'est odieux de prétendre cela : « Cathy » paraît son âge, lança Mme Rouard, substitute du procureur du Roi à Neufchâteau.

**… dont celui du juge Connerotte**

Dans la première partie de mes reportages, j'ai (re)situé, si besoin en était, ce magistrat, figure quasi mythique du monde judiciaire belge :

« Jean-Marc Connerotte, 53 ans, a défrayé la chronique lors de l'affaire Cools *(ministre assassiné)*, mais surtout à l'occasion de celle de Dutroux et consorts.

Alors que Sabine Dardenne et Laetitia Delhez sont portées disparues, respectivement en mai et août 1996, l'ASBL Marc et Corine (*recherche des enfants disparus et aide aux victimes*) diffuse des avis de recherche, avec la photo des adolescentes, à des dizaines de milliers d'exemplaires.

C'est l'un de ceux-ci qui attire l'attention d'un jeune garçon, qui fait le rapprochement avec le manège d'un véhicule (dont il a relevé le numéro d'immatriculation) près de la piscine de Bertrix, et qui prévient aussitôt les autorités.

Jean-Marc Connerotte, juge d'instruction, et Michel Bourlet, procureur du Roi, tous deux à Neufchâteau, prennent ce témoignage très au sérieux.
Quelques heures plus tard, Marc Dutroux est arrêté, et Sabine et Laetitia sont délivrées.

Pour fêter ce double événement, les responsables locaux de « Marc et Corine » brûlent publiquement les milliers d'affiches qu'ils s'apprêtaient encore à distribuer et, dans la foulée, organisent un « dîner spaghetti ». Ils y invitent Jean-Marc Connerotte, qui s'y rend, mais se tient quelque peu à l'écart de la fête.

Une fête rapidement assombrie puisque les corps de Julie Lejeune et de Melissa Russo sont découverts à Sars-la-Buissière, puis ceux d'An Marchal et d'Eefje Lambrecks à Jumet.

Mais voilà, on ne badine pas avec la déontologie dans notre justice : Connerotte est écarté du dossier Dutroux, sous prétexte qu'il n'avait pas à s'impliquer ainsi publiquement, l'instruction pouvant être perturbée.

À vrai dire, il semblerait (déjà) que la notion de « réseau pédophile », thèse présentée par Neufchâteau, ne plaise pas du tout dans certains milieux...

Aujourd'hui (*en janvier 2001, pour rappel*), alors que Michel Bourlet est devenu aussi muet qu'une tombe, Jean-Marc Connerotte est également rentré dans l'ombre. Cela ne l'a pas empêché de poursuivre son travail sur d'autres dossiers.

Ainsi, le juge s'est penché durant deux ans sur celui du GIA (terrorisme), puis sur l'assassinat de Céline Saison, une jeune Française dont le corps fut retrouvé dans un bois ardennais, et, bien sûr, sur ce réseau de pédophilie de Sainte-Ode. Il confirme ainsi son profond regret de s'être vu dessaisi du dossier Dutroux. »

## Consternation

Bien sûr, à Sainte-Ode, c'est la consternation. Tout comme dans cette province de Luxembourg d'ordinaire si calme sur le plan judiciaire, mais qui vient, coup sur coup, de vivre d'autres drames atroces : la mort d'un septuagé-

naire frappé par sa compagne (en aveux) à Marche-en-Famenne, le meurtre à coups de couteau d'Aline, 18 ans, à Florenville, le cas de la petite Céline, 11 ans, battue à mort à Neffe-Bastogne...
Les langues commencent à se délier. Difficilement, parfois...

• Jacques Pierre, bourgmestre:

- Il y avait des rumeurs concernant certaines personnes. Je tombe des nues lorsqu'on évoque le nom de Didier, le docteur, une personnalité du village! Je suppose que la justice n'accuse pas sans preuve, mais j'espère qu'elle se trompe, voire qu'il y a cabale.

Pour rappel: «Cathy» aurait pourtant parlé de manière précise. Elle aurait signalé avoir été violée par son père pendant deux ou trois ans. D'après elle, celui-ci la forçait à se prostituer (elle pratiquait des fellations), empochait l'argent et prenait des photos. Ces faits sordides se déroulaient à leur domicile.

Selon un témoin, le couple demandait 4 000 francs (100 euros) par personne, mais le père faisait grimper les prix s'il prenait part à la partouze.

Dans la foulée, les enquêteurs de Neufchâteau apprennent que la sœur (11 ans) de «Cathy» a également été abusée par son géniteur et que celui-ci l'initiait (!) à son futur rôle. Rôle identique à celui de sa sœur aînée auprès d'hommes de la région, dont certains notables, mariés et pères de famille.

• Me De Quevy, avocat de Muriel :

- Ma cliente reçoit régulièrement des lettres de « Cathy », qui lui demande de revenir auprès d'elle. Il n'y a donc pas la moindre ambiguïté entre elles.

**Piège au chantage ?**

Au-delà du procès, j'ai personnellement interviewé Me Marc Kauten (*qui sera remplacé par Mes Franchimont et Julien Pierre*), avocat de Didier, le docteur. Celui-ci est considéré comme l'un des clients du réseau qui vient d'être démantelé.

Dans le cadre de la présomption d'innocence, ma démarche m'est apparue plus que nécessaire.

- Le docteur a été arrêté à son domicile le jeudi 28 décembre 2000, dans la matinée. Il a été entendu durant près de deux heures, soit de 11h05 à 12h58. Puis, il a été placé sous mandat d'arrêt sur les seules accusations de « Cathy », me précisa l'avocat.
- Continue-t-il de nier ?
- Il nie toutes les allégations formulées par l'adolescente. D'après ce que je sais, le juge Connerotte posséderait une centaine de photographies. Or, le docteur n'apparaît sur aucune d'elles.
- Pourtant, la Chambre du conseil a confirmé son mandat d'arrêt.
- Cette même Chambre a cependant insisté pour qu'une confrontation ait lieu rapidement. J'ai appris que la jeune fille revenait déjà sur différentes déclarations. Ainsi, ce ne serait pas à plusieurs reprises qu'elle aurait eu des rapports

avec le docteur, mais une seule fois. Ce sont des variations inquiétantes.
- À présent, avez-vous accès à tout le dossier ?
- J'ai un devoir de réserve à respecter et l'instruction est en cours. Je dois donc garder le secret. Néanmoins, cette affaire sent le piège au chantage. Ainsi, un kinésithérapeute de la localité a également déclaré avoir reçu diverses propositions de l'adolescente. Je me demande si tout cela n'est pas un coup monté.
- Vous accréditez donc la thèse du piège au chantage ?
- Je ne peux en dire davantage, car une mineure d'âge est impliquée dans ce dossier. Il y a lieu de protéger son intégrité.
- Il a été question que les proches du docteur – sa femme refuse de s'entretenir avec la presse – fassent publiquement état d'une lettre de protestation d'innocence qu'il aurait écrite depuis sa cellule de la prison d'Arlon. Pourquoi ont-ils renoncé à leur action ?
- Dans l'intérêt de la défense de mon client, j'ai réclamé la plus grande discrétion.

Les magistrats ont débattu pendant plusieurs heures pour statuer sur le sort du docteur. À l'issue du passage de son client en Chambre des mises en accusation, l'avocat a déclaré :

- C'est une affaire particulièrement difficile. Le docteur continue de contester les faits, alors que le parquet demande son maintien en détention.
- Quel est l'intitulé exact de l'arrêt ?
- Un viol à l'aide de violence par acte de pénétration sexuelle sur un enfant âgé de moins de 14 ans, avec comme circonstance aggravante qu'il avait un ascendant

en temps que médecin. Je conçois que c'est une prévention très lourde.
- Comment s'est déroulée la séance de la Chambre des mises en accusation ?
- J'ai demandé la non-confirmation du mandat d'arrêt. Le docteur vit très mal cette situation. Et cette affaire ne donne pas une belle image de notre pays à l'étranger.

Quelques jours plus tard, la Justice a cependant rejeté la demande de l'avocat : le docteur reste donc en prison jusqu'à sa prochaine comparution.

Il faut également noter la très vive réaction du kinésithérapeute :

- Naguère, Muriel, qui compte parmi mes patients, me fit une proposition verbale. J'ai catégoriquement refusé ! « Cathy », que j'ai vue à plusieurs reprises, elle, ne m'a jamais fait la moindre proposition équivoque.

Fort logiquement, le kinésithérapeute n'est pas ennuyé par la Justice. Une Justice qui poursuit ses investigations : les arrestations se multiplient et, à présent, trois personnes sont recensées en tant que victimes : « Cathy », « Alberte » et un garçon de 15 ans, entraîné par Pascal.
Les langues continuent à se délier...

**Les six « vérités » du dossier**

Que ressort-il de ce dossier sordide, qui évolue d'heure en heure (on dit que d'autres arrestations devraient être faites dans les tout prochains jours) ?

1. Que « Cathy » aurait été exploitée dans des partouzes organisées par Pascal et Muriel. Mme Rouard, substitut du procureur du Roi à Neufchâteau, est explicite : « Des faits de prostitution sur mineure se confirment. Des faits masqués par la belle-mère (*Muriel*), qui faisait écran de ses activités concernant la jeune fille. »

2. Que des photos à caractère pornographique – dont des séances de viol collectif – auraient été saisies.

3. Que « Cathy » aurait porté plainte auprès des services sociaux, son père devenant de plus en plus exigeant et violent. Néanmoins, l'avocat de ce dernier tient à préciser : « Mon client est présenté comme un gourou, organisateur de tout avec une mainmise sur tous les autres. C'est faux. Il n'était d'ailleurs pas au courant de tout ce qui se passait avec sa fille. Je suis persuadé que le dossier se conclura à sa décharge. »

4. Que Didier, le docteur, aurait fait payer ses consultations en nature.

5. Que Michel serait en aveux complets. La dernière personne inculpée – sur neuf – a cependant été libérée. Mme Rouard précise : « Cette personne a reconnu le viol d'une mineure de moins de 14 ans. »

6. Que « Cathy » aurait dénoncé d'autres « clients », mais qu'auparavant, elle s'était refusée à accuser son père, qui, pourtant, abusait d'elle depuis plusieurs années. Ici, les psychologues ont une explication : l'enfant préfère parfois être abusée, souillée et traumatisée plutôt que voir son géniteur en prison...

À Neufchâteau, l'enquête se poursuit sans relâche, mais Mme Rouard tient encore à préciser certains points :

- La pédophilie concerne des viols sur des mineurs de moins de 10 ans, et le terme de réseau ne veut rien dire dans le jargon judiciaire. Il n'empêche, ce dossier repose sur des éléments matériels – des photographies -, les aveux de différents inculpés, les dépositions de la jeune victime, ainsi que les rapports des médecins légistes et psychiatres.

Sans vouloir ergoter sur la mise au point de Mme Rouard, la très récente révélation concernant l'« initiation » de la sœur de « Cathy », aujourd'hui âgée de 11 ans, a très bien pu débuter il y a un an, quand elle avait 10 ans !

Quant à la notion de « réseau », le dictionnaire est clair à ce sujet : « Ensemble des personnes qui sont en liaison en vue d'une action clandestine. » Le moins que l'on puisse dire, c'est que les partouzes au domicile du couple ardennais avaient intérêt à se dérouler dans la clandestinité.

Durant de longs mois, voire plusieurs années, « Cathy » s'est donc tue, tout comme sa sœur cadette, jusqu'à ce jour de la mi-décembre 2000 où l'adolescente a craqué et a parlé.

Un avocat de l'un des suspects : « C'est vraiment l'affaire Dutroux, heureusement sans cadavres. »

**Des aveux timides et une obsédée sexuelle**

Nous sommes en février et mars 2001 : des libérations sous conditions sont prononcées, y compris celles de Didier et de Muriel (« Il n'y a pas d'absolue nécessité de les maintenir en détention pour la sécurité publique », spécifient les autorités judiciaires), des aveux – timides – sont prononcés par Pascal, et les déclarations fusent tous azimuts :

• Pascal :

- Je ne suis pas l'acteur principal de ce dossier. C'est l'amour fou, voire la dévotion pour Muriel, qui m'a poussé à me taire sur les faits reprochés.

• Mes Bleret et Pollet, ses avocats :

- Il reste à savoir qui est le véritable investigateur de l'affaire. Notre client n'était pas toujours présent lors des faits reprochés et il n'a pas tout organisé, contrairement à ce qu'on prétend. Pour lui, perversité peut aussi rimer avec féminité. Il était fou amoureux de Muriel, et il reste à savoir qui a entraîné l'autre. Muriel a aussi une responsabilité dans cette affaire. C'est une initiatrice, obsédée par le sexe, une allumeuse perpétuelle.
Pascal a quand même reconnu certaines choses, mais chacun devra assumer ses responsabilités.

• Muriel :

- Je suis restée trois mois en prison et ce fut un véritable calvaire ! À la prison de Namur, j'ai été traitée comme une pédophile. Or, je le jure, je n'ai jamais touché un enfant. Tout ce que j'ai fait, c'est sous la menace. Si je bougeais, ça tournait mal...
Moi aussi, je me considère comme une victime, car j'ai vécu un véritable enfer.

• Mes De Quevy et Abbes, avocats de Muriel :

- Notre cliente a été conditionnée durant plus de huit ans de vie commune, basée sur la violence de Pascal. Celui-ci a voulu remplacer sa compagne par sa fille, notamment quand elle parla de le quitter ou était trop atteinte par les coups qu'il lui donnait.

• Me Julien Pierre, avocat de Didier, le médecin :

- Mon client a avoué avoir eu des relations avec Muriel, ce qui n'est pas répréhensible. Alors qu'ils étaient en pleins ébats, « Cathy » est rentrée dans la pièce à deux reprises et il s'en est offusqué. Il reconnaît des attouchements de la part de l'adolescente, mais lui n'a rien fait. Nous sommes certains que c'est le père qui l'a fait entrer dans la pièce.

**Assises ou correctionnelle ?**

En décembre 2001, le dossier est bouclé et la Justice préfère renvoyer, dès le 31 janvier 2002, les dix-neuf prévenus devant des juges professionnels d'un tribunal correctionnel et non face au jury populaire d'une cour d'assises, ce qui aurait été son droit.

Pourquoi ce choix ?

Si la cour d'assises peut infliger des peines allant jusqu'à la réclusion à perpétuité, elle peut tout aussi bien prononcer des acquittements. En haut lieu, paraît-il, on n'aurait pas voulu prendre ce « risque ». En Correctionnelle, les peines, dans le cas présent, vont de trois à dix ans de prison pour le viol, de six mois à dix ans pour l'attentat à la pudeur sur un enfant de moins de 16 ans, de huit jours à deux ans pour la non-assistance à un enfant en danger...

(*Cette explication vaut ce qu'elle vaut, car un jury populaire peut, également, se montrer beaucoup plus sévère au niveau du verdict sur la culpabilité que des juges professionnels et il faut également savoir que la peine en cour d'assises est décidée à la fois par le jury populaire ET par la Cour.*)

**«Je ne suis qu'un salaud»**

Le 31 janvier 2002, c'est la première audience d'un procès qui devrait s'étirer jusqu'au 24 juin. L'effervescence est à son comble au palais de justice de Neufchâteau.

Tour à tour, les prévenus, qui comparaissent libres, gravissent les marches menant à la salle d'audience. Certains se dissimulent le visage, d'autres s'énervent, à l'instar de Pascal, le seul encore détenu, encadré par des policiers fédéraux, qui donne des coups de pieds aux journalistes qu'il croise.

Extrayons quelques passages significatifs des auditions, mais, également, l'implacable réquisitoire du ministère public, les douloureuses plaidoiries des parties civiles, celles de la défense, ainsi que des répliques.

L'horreur débute, selon la Justice, quand Pascal se met en ménage avec Muriel, en mai 1992. La plongée dans la prostitution ne tarde pas et dans la maison familiale de Sainte-Ode, les deux adultes et les deux filles de Pascal vivent nus presque en permanence.
«Cathy» prétend qu'elle a eu des relations sexuelles avec son père lors des vacances de 1998.

- Ce n'est pas exact, dit celui-ci. C'est en 1999. Elle dormait avec Muriel et moi, et c'est elle qui a montré à ma fille comment se masturber. Tout ce qu'on a fait, on l'a fait à deux, Muriel et moi. Nous n'avions aucune conscience du mal que l'on faisait et on prenait « Cathy » pour une femme.
- Comme un jouet ! lance la présidente, Josiane Moreau.
- Oui, comme un jouet.
- Et « Alberte » ?
- Cela a été la même chose. Je ne nie pas ce que les gamines ont déclaré, mais parfois j'étais ivre mort, il y avait aussi la drogue...

Ensuite, en 2000, ce fut l'escalade dans l'ignominie : Pascal offrit (!) des « partenaires » à « Cathy », puis Muriel la proposa à un premier client, Jean-Claude, pour 3 000 francs (75 euros). L'engrenage infernal.

- Tous les prévenus qui sont ici ont eu des relations avec « Cathy », avoue encore Pascal. Je ne suis qu'un salaud...

Parmi les centaines de photos prises par le couple pervers, on voit même celle d'un bébé, la main sur le sexe d'un homme adulte. Il s'agirait de la main de la fille de Muriel, à peine âgée d'un an. Et le sexe ?
- Si c'est moi, la photo a été prise à mon insu, déclare Pascal.

Plus tard, dans les débats, on apprend encore qu'une deuxième photo montre une main de bébé sur un sexe de femme, cette fois-ci. Tant Pascal que Muriel nient le viol du bébé de cette dernière.

### «Je ne suis pas de bois...»

Muriel est ensuite entendue par un tribunal archicomble et médusé, pour ne pas dire dégoûté :

- C'est Pascal qui m'a fait connaître certains clubs, puis la prostitution. Il était violent, me menaçait. C'est lui qui a dit à «Cathy» de venir faire l'amour avec nous. J'ai voulu aller le dire à la gendarmerie, mais je me suis rétractée par crainte que la petite nie les faits.

S'ensuivent d'autres révélations : la masturbation de «Cathy» («des bisous sur le ventre, en descendant...»), la fellation au jeune fils d'un client, et les propos tenus à l'égard de Didier :

- Je payais ses honoraires par des fellations. Puis, un jour, il est monté avec «Cathy», également pour une fellation. Ensuite, il l'a pénétrée.

Le médecin, qui, jusqu'ici, niait et avait même repris ses activités professionnelles, avoue sa faute abominable :

- Muriel avait une attitude de plus en plus provocante. Alors, de fil en aiguille... Je ne suis pas de bois, mais je regrette. Je n'aurais pas dû confondre la pratique de la médecine et d'autres choses...

Quelles «autres choses», justement ?

- «Cathy» est apparue quand Muriel me faisait une fellation. Pourtant, je fermais consciencieusement la porte de la chambre à coucher. Mais j'avais les yeux fermés et je ne me suis pas rendu compte que l'on était passé de deux à trois participants... Je voulais en parler à un membre de l'Ordre des médecins, mais les deux fillettes ne me paraissaient pas en danger.

«Alberte», elle, ne marque pas du tout son accord sur certains «détails», avant que les accusations des jeunes défilent sur vidéo et à huis clos:

- Je n'ai jamais vu Muriel se faire battre par mon père (*qu'elle appellera ensuite le «connard»*). En revanche, «Cathy» s'est fait jeter à terre par lui à cause d'une bouteille de citronnade renversée. Je le compare à Dutroux et, pour moi, Muriel a autant de responsabilités que lui.

Sauf Joseph, le ferrailleur, tous les autres prévenus présents à l'audition de février admettent avoir eu des relations sexuelles avec «Cathy», que Muriel les allumait et qu'elle «aimait ça».

Plusieurs experts (neuropsychiatre, psychiatre, assistante sociale...) se succèdent à la barre et font leur rapport. Pascal est décrit comme un psychopathe pervers, manipulateur, antisocial, névrotique, qui se situe hors de toute approche thérapeutique; Didier, comme une personne immature minimisant les faits et rejetant sa responsabilité; Muriel, elle, souffre d'une psychopathie comportementale avec des troubles sexuels. Quant aux autres prévenus, ils sont décrits comme «psychopathes alcooliques».
- Pas un n'a dit «pauvre gosse», conclut un expert.

## Ils ont (encore) dit

• Didier, le médecin :

- Un jour, j'imaginais que « Cathy » était à l'école, mais elle est apparue également au moment fatidique... Je n'étais cependant pas conscient du danger...

• Pascal :

- On a pris « Cathy » comme un jouet et c'était la même chose avec ma seconde fille.
Jean-Claude a été le premier client de la petite.
C'était 3000 francs (75 euros). Avec Freddy, on a commencé par un strip-poker à quatre. Pour le perdant, c'était un gage sexuel. Comme la petite ne savait pas jouer...
H., lui, payait 10000 francs (250 euros) si « Cathy » participait... Muriel a même montré comment faire à une nièce. Alors que je lui tenais le mollet, elle m'a dit : « Non, pas ça, tu es mon tonton ! »

• Muriel :

- Pascal disait à sa fille « Cathy » : « Si tu ne fais pas l'amour avec Jean-Claude, tu ne pourras plus faire l'amour avec ton petit copain. » (Elle aurait pratiqué une fellation à ce gosse de 13 ans « pour le décoincer », selon Pascal).

## « Des choses horribles »

Plaidoiries et réquisitoires débutent à la fin du mois d'avril. Me Dalemans représente les filles de Pascal :

- Les victimes sont encore anéanties par cette affaire. Le couple Pascal-Muriel est une savante et perverse collusion pour arriver à rentabiliser une prostitution enfantine. Les clients du bordel, eux, bénéficiaient de faveurs d'enfants avec l'accord des parents.

« Cathy » a transmis une lettre à l'avocat, que celle-ci lit à l'audience :

- Vous êtes tous des ordures, des pervers, des pédophiles.

Le passage concernant son père est le reflet d'une profonde colère et d'un immense dégoût :

- Je croyais en toi, que tu étais un bon père et, au fil du temps, tu as déconné jusqu'à violer tes filles. Se faire trahir par son ex-père est horrible, se faire violer par lui est pire encore. Adieu ! J'espère que tu vas payer. Toi, Muriel, tu m'as aveuglée. À toi aussi, je faisais confiance. Je t'adorais et j'étais prête à tuer Pascal pour toi. Je regrette de t'avoir appelée « maman ». Tu n'es qu'une alcoolique perverse, une pédophile et tu me dégoûtes. Tu es la même que Pascal.

Alors que la jeune fille qualifie les autres prévenus de « porcs, obsédés et pédophiles », elle évoque aussi Didier :

- Vous aussi, vous êtes un pervers. J'aimerais que vous arrêtiez de mentir. Vous êtes médecin ! J'ai dû me mettre nue devant vous et vous m'avez touchée, puis vous avez abusé de moi.

Un incident éclate à la suite de cette lecture, également faite devant les caméras de télévision, comme s'en explique

Me Franchimont (*autre avocat du médecin*) dès la reprise de l'audience:

- Il s'agit d'une déclaration d'une mineure d'âge avec le dévoilement de son identité (*pas dans mon chef, en tout cas!*), la présomption d'innocence des prévenus n'a pas été respectée et il n'y a pas eu contradiction.

Cette protestation est actée par le tribunal, Me Dalemans arguant du fait qu'il voulait « faire parler l'enfance dans sa souffrance ».

**Couple véritablement satanique**

Le réquisitoire de Mme Rouard prend trois heures. Trois tours d'horloge pour disséquer ce procès de l'horreur:

- Pascal a commis des faits odieux, pour lesquels j'éprouve un sentiment de dégoût. Il a vu son propre plaisir sans voir le mal qu'il faisait à ses enfants. Muriel, elle, est aussi responsable que lui. J'ai aussi un sentiment de dégoût. En tant que femme, elle devait l'empêcher d'agir. Mais elle n'a pas de considération pour l'avenir des enfants, alors qu'elle-même a été abusée dans son adolescence. C'est à cause d'un couple véritablement satanique que des enfants ont connu la descente aux enfers.

Et les peines requises?

Mme Rouard les énumère en partageant les prévenus en trois groupes:

• Pour Pascal et Muriel: dix ans de prison, chacun, pour les faits de pédophilie, plus cinq ans, chacun, pour proxénétisme.

• Pour Didier : huit ans, sa qualité de médecin de famille étant une circonstance aggravante.

• Pour les autres prévenus : entre cinq mois et sept ans de prison, avec des sursis partiels et des conditions probatoires, l'un d'eux écopant de deux années supplémentaires, ayant reconnu avoir, aussi, abusé de sa sœur handicapée durant sept années.

Comment réagissent les avocats de la défense face à ce réquisitoire ? Et les principaux prévenus, bien sûr ?

**« On est tous coupables ! »**

• Me Pollet, avocate de Pascal :

- Muriel se dit victime, c'est faux ! C'est une allumeuse portée sur le sexe et l'actrice du processus incestueux. Elle a mené « Cathy » sur la voie de la prostitution, elle est responsable d'avoir jeté la petite en pâture à ce monde sordide. Elle était donc autant la patronne que son compagnon, Pascal.

Leurs dix-sept clients sont tous responsables, y compris le docteur, qui non seulement n'a pas dénoncé, mais a en plus participé.

Que penser des gens du village de Sainte-Ode ? J'ose espérer qu'ils ne savaient rien. Pourtant, la rumeur publique faisait état que Pascal avait des relations avec sa fille « Cathy ».

• Pascal :

- Je remercie « Cathy » d'avoir dénoncé les faits. J'ai du mal en prison, mais c'est là que j'ai pris conscience de la gravité de mes actes. On est tous coupables !

• Me Abbes, conseil de Muriel, monte au créneau et met directement en cause certains rouages judiciaires :

- Muriel n'a cessé d'appeler la police au secours, lorsqu'elle s'est séparée de Pascal. En vain. Des voisins ont été témoins de certains faits, le parquet était au courant de ce qui se passait à Sainte-Ode, mais il n'a pas réagi. Alors, Pascal a su qu'il pouvait agir dans l'impunité.

• Muriel :

- C'est vrai que j'ai fait des choses horribles. J'en suis consciente. Mais j'ai décidé de reprendre une vie normale et j'ai besoin que l'on m'aide à retrouver le droit chemin. Je veux qu'on me laisse une chance pour ma fille. Je ne veux pas que cette histoire la touche.

• Me Julien Pierre tonne :

- Toutes les accusations sont basées sur les seules déclarations de Muriel et de « Cathy ». Pourtant, à la lecture des déclarations de celle-ci, on peut la qualifier de menteuse caractérisée. Ce n'est pas parce qu'elle occupe la place de victime, que le tribunal doit croire tout ce qu'elle avance. Et puis, j'en ai assez de la justice des assistants sociaux qui ne sont pas habilités à se substituer à la Justice !
Enfin, ce n'est pas parce que « Cathy » menace de se suici-

der si ses abuseurs ne sont pas lourdement condamnés que la Justice doit suivre son avis!

## Le verdict

C'est le lundi 2 septembre 2002, dans une ambiance particulièrement pénible et tendue, que le tribunal correctionnel de Neufchâteau a rendu son verdict:

- Compte tenu de la crédibilité des propos de la principale jeune victime, ceux-ci étant confirmés par des prévenus eux-mêmes et par des évidences matérielles, le tribunal dit qu'on a atteint le sommet de l'horreur et reconnaît qu'il y a lieu de sanctionner d'une peine sévère les coupables.

• Pascal: neuf ans de prison (quinze ans avaient été requis par l'avocate générale).

• Muriel: huit ans de prison (également quinze années réclamées par Mme Rouard).

• Le docteur Didier: cinq ans (huit ans requis par le ministère public).

• La plupart des autres condamnés ont bénéficié de peines avec sursis partiels.

# RWANDA : UN PROCÈS HISTORIQUE EN MÉMOIRE DE 800 000 MORTS

La planète entière a encore en mémoire les images des atrocités perpétrées au Rwanda, un génocide qui a fait de très nombreuses victimes, durant trois mois à partir d'avril 1994. Certaines sources parlent de 800 000 à un million de morts.
Les « quatre de Butare » suspectés d'avoir pris part à cette folie meurtrière seront traduits devant la justice belge dès le mardi 17 avril 2001. Il s'agit de Vincent Ntezimana, Alphonse Higaniro et les religieuses Consolata Mukangango, dite Sœur Gertrude, et Julienne Mukabutera, dite Sœur Maria Kisito.

Un procès historique qui devrait durer de quatre à six semaines aux assises de Bruxelles-Capitale.

Voici, pour débuter, de larges extraits de l'acte d'accusation. Ensuite, ce sera le long reportage consacré audit procès.

Le Rwanda est tombé dans l'horreur à la suite de l'assassinat de son président, Juvénal Habyarimana. Au courant du drame qui allait se jouer entre Hutu et Tutsi, l'Occident a d'abord appliqué la politique de l'autruche, avant d'admettre le génocide qui se déroulait dans ce pays africain.

Quand les nations phares ont réagi, il était malheureusement trop tard. Alors, tour à tour, reviennent à l'esprit ces têtes qui tombent sous les coups de machettes et les rafales qui fauchent des centaines de milliers d'innocents, ces règlements de comptes démesurés, sans oublier, bien entendu, les dix paras belges littéralement sacrifiés et massacrés dans des conditions encore bien nébuleuses.

Et puis, comment ne pas évoquer les nombreuses dérobades d'hommes politiques et de militaires, belges en particulier, qui s'ensuivirent ?

**Un procès hors normes**

Le procès sera présidé par Monsieur Luc Maes, alors que l'avocat général sera Monsieur Winants (*devenu le patron de la Sûreté de l'État belge*). On y attend 170 témoins (liste provisoire) venus du Rwanda, du Burundi, de Belgique et d'autres pays européens.

Un procès hors normes que d'aucuns estiment être « le plus coûteux » de l'histoire judiciaire belge.

Outre deux commissions rogatoires au Rwanda, qui ont pour but de localiser les témoins cités par l'avocat général sur base de listes présentées par les parties civiles, quatre à six semaines de débats et de délibérations seront nécessaires *(à dire vrai, il faudra quelque huit semaines !)*

En plus de ces frais et de ceux prévus pour les interprètes, l'administration, le transport (trois vagues successives par vols aériens au fil des semaines), il faudra également compter avec l'hébergement et les repas des témoins, etc.
La facture devrait s'élever aux environs des 90 millions de francs (*2 250 000 euros*).

## La règle, c'est la mort

- On sait que l'appui à la république hutu est venu surtout des milieux sociaux-chrétiens flamands, explique à ce sujet Jean-Pierre Chrétien, directeur au Centre de recherches africaines à l'Université de Paris I.

Et cette éminente personnalité de se baser sur des témoignages fiables et des enquêtes minutieuses pour nous apporter un terrifiant reflet de la réalité :

- Au matin du 7 avril 1994, les tueries éclatent simultanément dans tout le pays. Partout, le modèle est le même, attestant de la planification du génocide.

Les miliciens, dits « les solidaires », font fuir leurs victimes vers des refuges supposés (églises, dispensaires, écoles...), puis encerclent ces lieux, les transformant ainsi en abattoirs. Les militaires y jettent des gaz lacrymogènes, des grenades à fragmentation et tirent pour briser toute résistance, puis y pénètrent afin de déloger les réfugiés, à la fois terrorisés et résignés. Les génocidaires attendent aux sorties avec leurs machettes, leurs lances et leurs gourdins cloutés.

Le lendemain matin, ils reviennent voir les tas de cadavres pour achever les blessés et les piller.

Outre ces faits, Jean-Pierre Chrétien mentionne d'autres « détails » qui démontrent la complicité entre différentes personnalités et les auteurs des génocides :

- Des dizaines de milliers de personnes sont massacrées

instantanément, souvent sous le regard des autorités locales. Les corps sont précipités dans des fosses d'aisance ou déversés par bennes entières dans des charniers. Certaines victimes ont dû creuser leur tombe elles-mêmes. D'autres ont été amenées jusqu'aux rivières de la frontière, abattues sur les bords des marais et précipitées dans les cours d'eau.

On a ainsi pu voir des milliers de cadavres rejetés par la Kagera jusqu'au lac Victoria.

D'autres encore sont tombés sous le contrôle des tueurs, comme à l'église de la Sainte-Famille, gérée par un prêtre complice des miliciens, au stade de Cyangugu ou dans des bâtiments du centre catholique de Kabgayi, véritable Vatican du Rwanda.

Ce dossier montre une véritable « solution finale » décentralisée, région par région, sous la hiérarchie des préfets, sous-préfets et bourgmestres.
Quand les gens du coin ne sont pas assez militants, des « solidaires » et des soldats sont d'ailleurs acheminés par les soins des réseaux « Hutu-Power » (à Butare, à Gitarama...).

Toute résistance s'avère dérisoire. Beaucoup de victimes se précipitent au-devant des balles pour mourir moins cruellement.

Les rares survivants sont de jeunes « chanceux » qui portent les traces de blessures plus ou moins ignobles.
Mais, dans cette « guerre », les blessés sont peu nombreux : s'ils sont accueillis dans les hôpitaux, ils y sont achevés. La règle, c'est la mort, comme l'a souligné Médecins Sans Frontières à Kigali et à Butare.

Au moins 150 000 enfants sont devenus orphelins, recueillis par des gens restés secourables. Des dizaines de milliers de femmes ont été violées.

**Réfugiées en Belgique, les religieuses vont-elles avouer ?**

Aujourd'hui (*reportage en avril 2001*), l'heure de rendre des comptes a sonné pour certains. En somme, le temps est venu de faire œuvre de justice universelle, comme l'explique Me Georges-Henri Beauthier, avocat des parties civiles, à savoir les victimes de ce génocide :

- Il était temps que l'on assiste à des poursuites judiciaires. Ce procès d'assises permettra de revoir les horreurs et d'évoquer des implications belges. Il n'y a pas seulement des « mauvais Hutu » à mettre en cause ! Je pense notamment aux milieux catholiques. Ce sera aussi l'occasion d'éclaircir les circonstances dans lesquelles trois de nos coopérants ont été tués.

L'Église a très longtemps été montrée du doigt dans ce drame africain. Le pape est sorti de sa réserve deux ans après les faits :

- Que les religieux qui ont été impliqués de manière directe dans ce génocide rendent compte de leurs actes devant Dieu et devant la justice humaine.

Cela va donc être fait, devant les assises de Bruxelles-Capitale, pour deux des quatre Rwandais exilés en Belgique.

Un procès qu'attendait avec impatience Me Hirsch, avocate de victimes :

- C'est une décision historique, une première mondiale. La Belgique est le premier pays à saisir sa justice à propos de crimes de guerre internes à un autre pays, a-t-elle proclamé quand, il y a un an, la Chambre des mises en accusation décidait de renvoyer les « quatre de Butare » devant les assises.

Depuis, d'autres génocidaires présumés ont été également inquiétés par la justice (en Tanzanie, en France, en Italie, aux États-Unis, en Angleterre...), mais à présent, c'est au tour des « quatre de Butare » de répondre de leurs actes devant des jurés et une Cour belges.

Qui sont les accusés et que leur reproche-t-on ?

Quand, en avril 1994, les massacres éclatent dans leur pays, Sœur Gertrude et Sœur Maria Kisito sont bénédictines et officient au monastère de Sovu, non loin de Butare.

De très nombreux réfugiés hutu et tutsi modérés demandent à se cacher dans le couvent.

Selon de multiples témoignages, les deux religieuses leur refusent l'accès. Sœur Gertrude aurait même affirmé qu'« elle ne désirait pas que ces gens profanent les lieux. »

Les quelque six cents personnes qui désiraient se protéger derrière les murs du couvent ont littéralement été condamnées à mort.

Témoin heureusement rescapé, Séraphin Mukamana explique l'horreur du drame qui s'est déroulé à Sovu :

- Plusieurs familles avaient quand même réussi à pénétrer dans le monastère. Lorsque les tueurs ont entendu qu'il y avait des enfants dans le garage, ils ont tenté d'ouvrir la porte. Comme ils n'arrivaient pas à leurs fins, ils ont commencé à la brûler. C'est sœur Maria qui leur a donné l'essence. Dès que les gens sortaient du garage enfumé, ils étaient attaqués à la machette et irrémédiablement tués.

Accueillies à l'abbaye de Maredret, non loin de Maredsous, en attendant le procès, les deux religieuses nient avec fermeté leur implication dans ce massacre et le fait d'avoir dénoncé des Tutsi :

- Tout ce que l'on raconte à ce sujet n'est pas juste et n'est pas vrai. Nous souffrons beaucoup des accusations portées à notre encontre.

Nonobstant ces dénégations, le juge Fabien Vandermeersch leur a constitué, dit-on, un « solide » dossier.

Alphonse Higaniro, lui, était directeur d'une fabrique d'allumettes à Butare. C'était aussi un cadre d'envergure dans le parti (MRND) du président Habyarimana quand ce dernier a péri dans son avion, sur le point d'atterrir à Kigali, au début du mois d'avril 1994. Cet événement a été considéré, rappelons-le, comme le déclencheur de la folie meurtrière qui allait secouer le Rwanda.

Higaniro n'aurait pas participé directement au génocide, mais il est soupçonné d'avoir introduit des miliciens hutu à Butare et d'avoir incité par écrit ses ouvriers et techniciens « à poursuivre et achever le travail, et à nettoyer la ville ». Ces mots, interprétés comme une incitation à l'extermination de Tutsi et d'Hutu modérés, Higaniro les réfute catégoriquement :

- Il s'agissait de déblayer la boue et de nettoyer l'entrée de mon usine !

Quant à Vincent Ntezimana, ancien professeur de physique à l'université de Butare, il a à répondre de plusieurs assassinats, notamment ceux de l'un de ses collègues et de sa famille. Ajoutons-y l'accusation d'avoir dressé, en plein génocide, des listes d'enseignants désirant fuir Butare, listes qui auraient conduit à leur mise à mort.

D'aucuns, à l'instar de l'avocat Beauthier, espèrent qu'au-delà du procès de ces quatre présumés génocidaires, la lumière sera également faite sur l'implication, explicite ou implicite, d'autres personnes dans cet atroce drame humain.

Assurément, un droit d'ingérence dans un pays étranger qui pourrait avoir quelques « sérieuses » retombées – politiques ? – sur la Belgique.

## Le lynchage de Casques bleus belges

Inutile de dire que l'ombre du massacre de dix Casques bleus belges, le 7 avril 1994, planera sur ce procès. D'ailleurs, l'acte d'accusation rappelle cette tragédie :
- L'armée rwandaise capture quinze soldats de la MINUAR, dont dix Casques bleus belges dépêchés au domi-

cile du Premier ministre du gouvernement de coalition, Mme Agathe Uwilingiyimana (*qui sera assassinée, ainsi que son mari, le 7 avril 1994*), pour assurer sa protection et son escorte, et les livre vers 9 heures du matin au camp militaire de Kigali.

Les cinq soldats ghanéens sont séparés du groupe et mis en sécurité, tandis que les dix soldats belges sont laissés aux mains d'une foule déchaînée, parmi laquelle de nombreux militaires rwandais.

Cinq Casques bleus seront lynchés sur place, tandis que les cinq autres réussiront à se réfugier dans un petit local, où ils seront tués après avoir opposé une résistance farouche.

L'assassinat des dix Casques bleus belges entraînera le retrait belge de la MINUAR.

**La bande des quatre**

L'acte d'accusation dressé par Monsieur Winants, avocat général, comporte quarante et une pages d'un texte particulièrement serré. Gageons qu'il lui faudra plusieurs heures pour le lire devant la Cour, les avocats, les accusés et les jurés...
Ce document – *dont j'ai déjà pu prendre connaissance avant le procès* – n'est qu'une pièce dans ce méga procès, mais il paraît digne d'intérêt à plusieurs titres, entre autres pour le reflet qu'il donne de diverses expertises concernant les quatre accusés, ainsi que pour les enquêtes dites de personnalité.

Tirons-en quelques extraits afin de mieux cerner les quatre personnes qui vont faire face à leurs juges belges et à la presse mondiale :

• Vincent Ntezimana :

Son examen mental a permis de conclure à la responsabilité de ses actes et les tests psychologiques ont mis en évidence une personnalité de structure obsessionnelle.

Il est né en 1961 à Murambi, ses parents étaient des paysans. Il mène à bien des études à l'Université Catholique de Louvain (UCL, Louvain-la-Neuve), où il obtient en 1984 une licence en physique. Marié en 1986 à Agnès, une licenciée en sociologie, il est père de trois enfants.

Rentré au Rwanda, il est assistant à l'université de Butare, puis, trois ans plus tard, il revient en Belgique pour y suivre des cours plus approfondis en physique et il y obtient son doctorat en 1993. À l'issue de ses études, il retourne au Rwanda où il embrasse une carrière de chargé de cours à l'université avant de s'exiler au Zaïre, puis en Belgique.

Politiquement parlant, il opte pour une tendance anti-guerre menée par le Front Patriotique Rwandais (FPR), sans pour autant sombrer dans l'opposition totale aux Tutsi, selon ses propos.
Ensuite, il participe à la fondation du PRD, un parti de tendance « Hutu-Power », c'est-à-dire totalement extrémiste, dont il est le secrétaire général.

• Alphonse Higaniro :

Son examen psychiatrique a permis d'établir qu'il était

également responsable de ses actes. Les tests psychologiques mettent en évidence une personnalité pauvre au niveau affectif et de type paranoïaque, caractérisée par un comportement systématiquement raisonneur, revendicatif, rancunier, vindicatif et méfiant, dénué d'autocritique.

Né en 1949, il est issu d'une famille de paysans modestes. Marié à Alphonsine, il a deux enfants. Lui aussi fait des études à l'UCL et valorise son diplôme de licencié en mathématiques comme professeur au Rwanda. Ensuite, il devient inspecteur de mathématiques, puis directeur général des études pédagogiques, secrétaire du ministre de l'Éducation nationale et secrétaire général de l'Enseignement supérieur, de la Culture et de la Recherche scientifique.

Le président Habyarimana le nomme ministre des Transports et des Communications en 1991. Il exerce ce poste durant dix mois, avant d'être, selon lui, « saboté » par la belle-famille du Président.

En 1992, il est détaché à la Société rwandaise des allumettes. Pour lui, il s'agit d'une disgrâce.

On dit de lui que c'est un Hutu extrémiste, très prétentieux, régionaliste et ethnique. Il est craint. Malgré sa disgrâce, il reçoit encore souvent le président Habyarimana, la dernière visite de celui-ci datant du 4 avril 1994, quelques jours avant l'attentat contre l'avion présidentiel

• Sœur Gertrude :

Les psychiatres ont estimé qu'elle était responsable de ses actes. Elle se place en victime de l'hostilité de deux de ses

religieuses, qui l'ont accusée.
Les examens ont révélé un état de stress post-traumatique, mais également une personnalité de base pathologique et fragile. Elle serait de type psychotique. On y note aussi une composante perverse.

Elle est née en 1958. Son père est mort lors de la guerre du Rwanda, en 1994. Elle suit des cours à l'« École familiale » et entre au couvent de Sovu à l'âge de 19 ans. Elle prononce ses vœux en 1984, part en France puis en Belgique (à l'abbaye de Maredsous) pour y suivre des cours de théologie.

Elle retourne au Rwanda où elle reste jusqu'à son évacuation vers la Belgique, en 1994.

• Sœur Maria Kisito :

Elle aussi est responsable de ses actes, selon les psychiatres. Outre un état de stress post-traumatique, elle aurait une personnalité névrotique et fragile, nécessitant un milieu structuré. Il s'agit d'une personne extrêmement vulnérable et sujette à la désorganisation.

Elle est née en 1964. Elle suit des études postprimaires (tâches ménagères et éducation des enfants), puis de secrétariat, avant d'entrer au couvent de Sovu à la mort de son père en 1990, à la suite des blessures que des « bandits » lui avaient infligées dans son épicerie.

**« Il faut tuer du vieillard au bébé »**

On croyait avoir tout vu et tout entendu avec les atrocités

nazies, les camps de concentration, les sévices aux populations « ennemies ». Mais, comme l'a rappelé Me Hirsch, avocate des parties civiles rwandaises, qui s'adressait aux jurés : « Vous allez devoir pénétrer l'horreur pour juger et lutter contre l'impunité. »

Car l'Histoire, même atroce, est parfois un dramatique recommencement.
Rarement procès de cour d'assises belge aura autant attiré l'attention de l'étranger (*sauf celui dit de* « Dutroux et consorts », *en 2004*).

Des dizaines de photographes, reporters de chaînes télévisées et journalistes de la presse écrite se sont mobilisés pour ce procès d'envergure mondiale.

Il y a plus d'une vingtaine d'avocats et, dans le box, comparaissant libres, les « quatre de Butare » qui nient les faits et se montrent assez effarés par ce battage médiatique.

Après la constitution du jury populaire (sept hommes et cinq femmes, doublés de douze suppléants en cas de défaillance), un incident majeur retarde déjà le procès d'une demi-journée : la défense d'Higaniro et des deux religieuses réclame avec insistance le retrait de certaines pièces versées au dossier et, en corollaire, demande une modification de l'acte d'accusation établi par Monsieur Winants. La Cour reprend les débats le lendemain :

- Tout cela est recevable, mais non fondé, résume le président après avoir lu différents arrêts. Nous reprenons la suite de la procédure.

Et celle-ci plonge directement l'auditoire dans l'horreur, notamment avec le témoignage d'Yvette Umugwaneza, qui travaille pour MSF Belgique au Rwanda.

Cette amie de Solange Karenzi, fille d'un professeur de l'université de Butare (et donc collègue de Vincent Ntezimana), qui logeait dans cette famille au début du génocide, raconte :

- Le 21 avril 1994, vers 15 heures, le professeur Karenzi reçoit un appel téléphonique. Dès qu'il décroche le combiné, on raccroche. Il comprend que l'on voulait s'assurer de sa présence dans la maison.

Aussitôt, le couple Karenzi cache ses enfants dans des faux plafonds construits à la suite des événements. Malik, 20 ans, qui aide ses frères et sœurs, n'a pas le temps de les rejoindre, car les assaillants forcent la porte d'entrée. Je me cache dans les toilettes. Le professeur est emmené vers une destination inconnue alors que son épouse, ne pouvant donner l'argent réclamé par les agresseurs, est abattue de deux coups de feu. Malik comptera parmi les victimes du carnage. Toujours cachés dans le plafond, les six enfants entendent les événements, puis, lorsque le silence s'installe, fuient vers la bananeraie et se réfugient enfin au couvent des sœurs Benebikira, situé à quelques centaines de mètres de leur maison, où je me suis aussi réfugiée.

Le 30 avril, les militaires investissent les lieux et sélectionnent des Tutsi, dont les enfants. Ils les emmènent pour un calvaire incroyable.

Des dix personnes présentes dans la maison Karenzi le 21

avril, je suis la seule survivante, car le professeur a été assassiné par les « Interhahamwe » (*les terroristes hutu*) devant un hôtel.

En quoi Vincent Ntezimana est-il impliqué dans ce drame ?

- En désignant Mme Karenzi comme tutsi, il a accordé un permis de tuer visant non seulement la mère, mais également ses enfants. Ceux-ci figuraient sur une liste dressée par l'accusé...

Au total, Vincent Ntezimana est soupçonné de neuf homicides recensés et d'un nombre indéterminé d'autres faits.

Olivier Rwamanywa, fils de médecin, est aussi l'un des rares rescapés de la folie meurtrière qui a envahi le Rwanda d'avril à juillet 1994. Il raconte les faits tels qu'il les a vécus et tels qu'ils ont été consignés à charge d'Alphonse Higaniro :

- Le 8 avril, des militaires se présentent à notre maison et exigent une somme de 500 000 francs rwandais, afin que tous les occupants puissent garder la vie sauve.

Mon père étant au dispensaire du couvent, je demande aux soldats de pouvoir le rejoindre pour me procurer l'argent. Je reviens avec un montant de 120 000 francs. Les hommes s'en contentent, mais promettent de revenir chercher le solde.

Aussitôt, toute la famille se réfugie au couvent avec notre domestique. Vers 17 heures, les militaires y arrivent. Ils sont accompagnés d'Interhahamwe. Ils forcent le portail, tuent un vieillard et une religieuse, défoncent la porte de la chambre dans laquelle ma famille se tient et l'emmènent. Moi, je me cache dans une armoire. Ils m'y trouvent, et je leur propose de l'argent pour qu'ils me laissent en vie. Ils m'emmènent à l'extérieur et là, je lance des billets en l'air et je m'enfuis. Alors que des Interhahamwe se précipitent sur l'argent, je m'éclipse, mais l'un d'eux m'arrête et me donne un coup de machette. Je poursuis ma course, plonge dans le lac et rejoins l'autre rive.

Plus tard, j'ai appris que plusieurs membres de ma famille avaient été tués : mon père, ma mère, ma petite sœur Aline, âgée de 1 an, et mon frère Olive, qui avait 7 ans. Ma sœur Sylvie, 14 ans, a été grièvement blessée à la tête et laissée pour morte. Elle est toujours vivante, mais handicapée et incapable de fournir le moindre témoignage. Mes deux autres sœurs, Louise, 12 ans, et Yvette, 7 ans, ont échappé au massacre.

Quelques jours plus tard, je suis revenu sur mes pas afin de me recueillir à l'endroit où étaient ensevelis mes proches. Alors que j'étais caché derrière une rangée de cyprès, j'ai entendu Higaniro parler à des domestiques : « À Kigali, « ils » ont travaillé et terminé. » Réplique d'un domestique : « Nous aussi, nous avons travaillé et nous avons tué le médecin, mais l'un de ses fils s'est échappé. »

Ensuite, j'ai entendu Higaniro leur clamer : « Est-ce comme cela que vous tuez ? Il faut tuer du vieillard au bébé. »

Au total, Alphonse Higaniro est soupçonné de dix-huit

homicides recensés et d'un nombre indéterminé d'autres faits.

## Nonnes, jerrycans et des centaines de brûlés

Et les deux nonnes, pourquoi se trouvent-elles dans le box des accusés ?

Sœur Gertrude est la mère supérieure du couvent des bénédictines de Sovu et compte parmi ses religieuses sœur Maria Kisito (dont deux frères font partie des Interhahamwe).

La mère supérieure fait appel au bourgmestre local afin de « déloger » les centaines de réfugiés qui ont envahi le monastère depuis plusieurs jours, Emmanuel Rekeraho, le chef de la milice de Sovu, y débarque à la tête de militaires, de milices Interhahamwe et d'Hutu armés de machettes. Le massacre commence.

Vers 16 heures, des réfugiés se retranchent dans le garage du couvent et s'y enferment. Les assaillants décident de les brûler vifs. Et c'est Rekeraho lui-même qui apportera le témoignage suivant : « Nous nous sommes retrouvés à court d'essence, mais on nous a répondu que cela ne posait pas le moindre problème, car il y avait du carburant au couvent. Sœur Gertrude et sœur Maria Kisito ont elles-mêmes amené deux jerrycans. »

D'autres témoins affirment que sœur Maria Kisito aurait participé au versement de l'essence et attisé le feu en faisant chercher de l'herbe séchée.

Dans ce garage immense se trouvaient entre 500 et 700 personnes. Inutile de dire que toutes ont trouvé la mort.

Ces mêmes témoins affirment aussi que pendant et après le massacre, sœur Maria Kisito se promenait avec une liste à la main, vérifiant que les personnes qui y figuraient étaient bien mortes.

Au total, sœurs Gertrude et Maria Kisito sont soupçonnées de quatre homicides recensés, mais aussi d'un nombre indéterminé d'autres faits.

C'est donc dans un contexte particulièrement pénible et un climat terriblement lourd que les premières répliques des avocats de la défense se font entendre.

Rappelons cependant que les quatre accusés nient avec véhémence les faits qui leur sont reprochés et qu'ils bénéficient toujours de la présomption d'innocence tant que le verdict n'aura pas été prononcé.

• Me Belamri, avocate de Vincent Ntezimana :

- L'essentiel viendra des débats. Nous plaidons la non-culpabilité de Vincent Ntezimana. Ce n'est pas un extrémiste. Il s'opposait même au régime du président Habyarimana et à la guerre. Il a aussi été l'un des premiers à dénoncer les terroristes dès 1992, depuis Louvain-la-Neuve, où il travaillait.

Vincent Ntezimana demande au jury de Bruxelles de le déclarer non-coupable, comme l'a fait le procureur du Tribunal pénal international, qui ne l'a pas poursuivi. Il garde confiance dans la justice belge.

• Me Cuykens, avocate d'Alphonse Higaniro :

- Notre client conteste toutes les accusations portées contre lui. Les jurés ne sont pas ici pour donner la vérité historique, mais la vérité judiciaire.

• Me Wahis, au nom des deux nonnes :

- Pourquoi doit-on attendre des jurés une connaissance pointue de l'histoire et du génocide rwandais ? Les faits se sont déroulés à plus de 6 000 kilomètres, il y a sept ans, dans un contexte de folie meurtrière inimaginable. Sans doute, il est grand de la part de la Belgique de vouloir empêcher l'impunité souvent attachée à de tels actes, mais ce procès n'en demeurera pas moins celui de tous les dangers. Aussi brillants soient-ils, comment les enquêteurs ont-ils pu mener à bien leur travail en seulement trois commissions rogatoires au Rwanda ?

Comment attendre d'un jury qu'il perçoive les enjeux, les difficultés et les pièges d'un procès pour génocide en quelques semaines et sans avoir mis les pieds dans ce pays ?

Même pour des coopérants et des missionnaires qui ont vécu de nombreuses années au Rwanda, cela reste un exercice extrêmement délicat. Il ne peut être question ici de juger le génocide de 1994, mais les quatre accusés et les faits qui leur sont reprochés. Soyez prudents !

Certains témoins rapportent ce que l'on dit, d'autres rapportent de vieilles querelles et des rumeurs. La vérité devra primer sur toute autre considération.

## Des images atroces

L'audition de Damien Vandermeersch, juge d'instruction, était spécialement attendue par toutes les parties. Dans un premier temps, il évoque l'origine du drame :

- J'ai recherché des documents « in tempore suspecto », c'est-à-dire n'ayant pas trait directement aux événements, et j'ai trouvé celui qui fait état de directives venant de deux ministres rwandais et concernant l'autodéfense civile et ses objectifs. On y parle d'« ennemis » à infiltrer, ainsi que leurs acolytes, de formation de jeunes, de sensibiliser la population à s'armer d'armes blanches...
- Qu'entendait-on par « ennemis » ?
- Dès septembre 1992, on trouve une explication à ce mot. Il s'agit de Tutsi de l'intérieur et de l'extérieur, mais aussi de tous ceux qui ne les combattent pas, donc des Hutu modérés, plus les étrangers mariés à des Tutsi. D'ailleurs, le 7 avril 1994, les premières victimes furent des autorités hutu modérées. N'oublions pas non plus que beaucoup d'Hutu ont protégé des Tutsi et qu'il y a eu des massacres des deux côtés.
- Avez-vous subi des pressions au Rwanda ?
- Je me suis senti sous pression, comme tout juge qui reçoit des « conseils ». Mais heureusement, nous avons encore la liberté de ne pas y répondre. Mon but – et mon résultat, en somme – était d'élaborer un dossier le plus complet possible.
- Et des pressions en Belgique ?
- J'ai eu le sentiment que pour les témoins le climat était plus difficile en Belgique qu'au Rwanda.
- Certains témoignages ont-ils été téléguidés ?
- Je ne peux pas l'exclure...

- Des religieuses au Rwanda ne vous ont-elles pas fait part de pressions à leur égard, voire déclaré qu'on leur avait demandé de modifier certaines choses?
- Pas seulement au Rwanda: en Belgique aussi! Mais ne faisons pas d'amalgame. Disons qu'il y a eu des grains de sable...
- Pourquoi trois dossiers sur sept sont-ils présentés à cette session de la cour d'assises, et non ceux des coopérants et des paras belges tués?

Intervention vigoureuse du président Luc Maes:

- Je refuse que cette question soit posée au témoin, car il ne s'agit pas du dossier qui nous préoccupe!

La salle d'audience est ensuite plongée dans la pénombre afin que défilent quelques images atroces du génocide.

Un jeune tueur explique:

- Moi, je coupais et je frappais ce que je pouvais.

À ses côtés, un autre gamin transformé en assassin par des adultes sanguinaires:
- Je frappais avec un bâton sur la tête. Ils mouraient d'un seul coup!

Un troisième conclut:

- Je coupais un bras, puis une jambe, et, enfin, la tête. Ensuite, je me sauvais.

Dans la salle, des gens ne peuvent retenir leurs larmes. Surtout des Rwandais rescapés de l'enfer, certains s'appuyant sur des béquilles et d'autres portant des traces horribles au visage ou aux membres, signes de l'innommable souffrance qu'ils ont dû endurer, sous le regard indifférent de certaines autorités occidentales...

**Avec l'aide d'« amis » belges...**

Mes Hirsch et Gillet, au nom des parties civiles, ont également pris la parole aux premiers jours de ce procès.

- À Butare, il y a eu entre 100 000 et 300 000 morts. Nous représentons des survivants dont certains recherchent encore aujourd'hui les corps de leurs proches pour leur donner une sépulture décente. Les accusés sont venus en Belgique car ils pensaient y trouver refuge et y jouir de l'impunité, être à l'abri de la justice : ils ont eu tort ! Le monde se rétrécit autour des criminels contre l'humanité. Au fil des prochaines semaines, des survivants vont avoir la force de raconter, de vous raconter. C'est terrible de raconter, car c'est revivre. Ils sont les responsables de la transmission de la mémoire, pour acquitter leur dette envers les morts. Pour donner, par la parole, un cercueil aux morts.
Vous allez être confrontés à l'indicible, voir des images insoutenables. Des enfants mutilés, les coups de machettes inscrits dans les corps, des charniers où s'entremêlent les corps de femmes, d'hommes, d'enfants, de bébés tués dans les bras de leur mère.

Comment est-ce possible ? L'idée d'humanité est atteinte, fissurée par ce crime contre le statut d'être humain. Le génocide va s'inscrire dans notre présent. L'innommable va entrer dans cette salle. Ce sera lourd et douloureux. Mais il va falloir pénétrer l'horreur pour juger, lutter contre l'impunité.

L'efficacité du génocide à Butare a reposé sur la complicité qui unissait ses membres et quelques autres. Il y a ceux qui, dans l'Église, ont pris le parti inconditionnel des extrémistes.

Quelques semaines après les événements, les premiers assassins, fuyant déjà le Rwanda, apparaissaient tranquillement dans les rues de Bruxelles, de Liège, de Namur et d'Anvers. Souvent, ils ont pu compter sur l'aide précieuse d'amis belges pour faciliter leur arrivée.

Aujourd'hui, devenus adultes, des adolescents qui ont tué se suicident. Des enfants n'ont pas encore trouvé la parole, car ce qu'ils ont vu les a enfermés dans un mutisme qui achève de les détruire. Les enfants du viol ont 7 ans, mais ils ne savent pas encore qui ils sont.

Aujourd'hui, ce sont des crimes contre l'humanité que l'on va juger en vertu du principe de compétence universelle. Les jurés ne sont pas seulement un tribunal belge, mais un tribunal représentant la communauté humaine.

## Le bouleversant témoignage d'un « enfant de serpent »

Chaque journée de ce procès apporte son lot d'horreurs et de révélations. L'Église catholique est constamment mise en cause dans le génocide. Mais il n'y a pas qu'elle ! Hommes politiques, intellectuels, fonctionnaires locaux et étrangers sont montrés du doigt.

Dans le box, les « quatre de Butare » restent presque impassibles face à des témoignages aussi bouleversants que révoltants.

L'heure en est encore aux témoignages « de contexte », avant de passer aux accusations précises, tel celui de Yolande Mukagasana (47 ans), une ancienne infirmière de Kigali dont les trois enfants et le mari, ainsi que le frère et deux sœurs, ont été impitoyablement massacrés.
Personne n'oubliera sa déposition...

Avec dignité et un courage extraordinaire, Yolande, une Tutsi – un coup de lance dans une cuisse lui rappelle chaque jour sa condition d'« enfant de serpent » -, infirmière avant le génocide, sillonne de nombreux pays pour témoigner de l'horreur.

Elle a écrit un livre sur le sujet *(« La mort ne veut pas de moi »* aux Éditions Fixot) et a rassemblé toutes ses forces pour se présenter devant la cour d'assises de Bruxelles-Capitale.
Elle s'adresse d'emblée au président Maes :

- Je vous demande de m'excuser si je pleure durant mon audition, mais je voudrais parler de la vérité. À présent, je consacre ma vie à cette vérité-là...

Émue, étranglée par les sanglots, Yolande témoigne dans un français impeccable avec des mots choisis, sans haine, mais avec détermination, alors que la salle, archicomble, retient son souffle.
- J'ai vécu le génocide sur place, à Kigali. J'étais mariée, j'avais trois enfants. Ils ont été tués. J'ai aussi perdu un

frère et deux sœurs. (*Elle pleure.*) J'ai tout perdu.
- Où habitez-vous à présent ?
- J'ai quitté le Rwanda en février 1995 et j'habite en Belgique. J'ai dû faire un travail inouï sur moi-même pour retourner dans mon pays en 1999, car je me disais que personne ne pouvait souffrir autant que moi. Or, par mon travail d'écrivain, je me suis rendu compte que beaucoup d'autres gens souffraient.
- Votre but est à présent de récolter des témoignages ?
- Oui, ceux de rescapés et de familles de victimes, mais j'ai aussi rencontré celui qui a tué mes enfants. Ils ont été déchiquetés à la machette. Je ne pourrai jamais l'accepter.
- Le génocide se profilait-il ?
- Les Tutsi ont vécu comme des victimes consentantes et les Hutu, comme des bourreaux potentiels. Et pourtant, personne n'a dénoncé cette situation. Qui que ce soit. Ni l'Église, ni la coopération.
- Comment expliquez-vous cette flambée de violence ?
- Jean-Baptiste, que j'ai rencontré, était fonctionnaire avant de s'ériger en génocidaire. Je l'ai questionné et lui ai demandé pourquoi il avait tué. Il m'a répondu : « Nous étions obligés de le faire. » « Mais alors, pourquoi avoir torturé ? » lui ai-je encore demandé. Sa réponse est explicite : « Parce que vous étiez nos ennemis ! » Des enfants de 10 ans sont devenus des bourreaux, mais ce sont des adultes qui les ont obligés à agir de la sorte. Ces gosses sont des victimes eux-mêmes.
Vous savez, Gaspard était mon voisin et mon patient... (*Long silence entrecoupé de sanglots.*) La fosse commune où sont mes enfants est située juste derrière sa maison.
- Vous avez la possibilité, dans le cadre de ce procès, de nous faire part d'autres témoignages que vous avez récoltés. Si vous le désirez, bien entendu, lui dit avec beaucoup

d'humanité le président Luc Maes.
- J'ai aussi rencontré des Tutsi qui sont en prison et qui ont participé au génocide par peur d'être eux-mêmes massacrés. Tuer en 1994 au Rwanda, c'était comme boire un verre d'eau. C'était très facile, car les bourreaux avaient reçu des ordres bien précis d'intellectuels et des autorités.
- Il n'y avait pas de vengeances personnelles entre voisins, par exemple ?
- Je ne le crois pas. Par contre, certains m'ont dit qu'ils avaient tué des Tutsi « comme cela, ils n'auraient plus le moindre problème ».
- Comment les bourreaux pratiquaient-ils ?
- Je vais évoquer mon quartier de Kigali. Nous savions que nos voisins avaient reçu des armes à feu, et tous avaient en plus des machettes. D'ailleurs, la veille du génocide, on ne pouvait plus en acquérir une seule dans les magasins. La machette achevait le « travail ».
Mes enfants ont subi des tortures psychologiques atroces avant leur mort. Ainsi, Gaspard est venu chez nous et leur a demandé de danser pieds nus. Ensuite, ils ont été conduits à la mort. Ceux qui ont eu de la chance ont été tués tout de suite. Mes enfants ont été torturés sur le cadavre de leur père.

Dans la salle, sur les bancs des avocats, parmi les jurés, des personnes ne peuvent retenir leurs larmes. Dans le box, Higarino baisse la tête et regarde la pointe de ses souliers.

## Travailler ? Tuer et violer !

Yolande Mukagasana poursuit son témoignage :

- C'est très dur pour moi...
- Que faites-vous aujourd'hui pour surmonter cette énorme souffrance ?
- Je donne des conférences dans des écoles, j'apprends aux enfants à se protéger, je rencontre des rescapés... Cela me permet de survivre. Je voudrais tant que tous les enfants du Rwanda vivent à présent comme des frères.
- Vous espérez une réconciliation ?
- Tout le monde est soucieux de réconciliation, mais où est la justice dans tout cela ? s'exclame le témoin.
Comment faire quand on sait que nous devions porter une carte d'identité ethnique (*spécifiant l'appartenance à l'ethnie hutu ou tutsi, par exemple*) ?
- Par qui a été instauré ce système ?
- Par l'administration coloniale belge. C'est elle qui a instauré cette carte pour nous diviser et garder le pouvoir.
- Avez-vous à nous faire part d'autre chose ?
- En tant que survivante, j'ai un sentiment de culpabilité...
- Expliquez-nous...
- Avant le génocide, je voulais quitter le pays, mais mon mari désirait y rester et ne cessait de me dire pour me rassurer : « Les Casques bleus sont là et nous sommes protégés ! » Je l'ai écouté, car il y avait beaucoup d'amour dans notre foyer... (*De nouveau un long silence*). C'est comme si j'avais tué tout le monde... (...) Vous savez, tout le monde était contre nous, même les médias rwandais et la radio que j'écoutais. C'était la mort dans les écrits et sur les ondes ! Je me suis même demandé si j'étais devenue un déchet humain à leurs yeux...

Me Beauthier, avocat des parties civiles, prend la parole :

- Dans cette salle, il y a des gens qui ont participé à cette radio... (*La Radiotélévision Libre des Mille Collines – RTLM -, dont les fondateurs gravitaient dans l'entourage du président du Rwanda et qui avaient un discours antiTutsi et antiBelge. L'un des animateurs de RTLM était le journaliste d'origine belge Georges Ruggiu. Il a avoué son rôle dans les massacres de 1994 et a été condamné à douze ans de prison, en juin 2000, à Arusha.*)
- Il y avait beaucoup d'analphabètes dans notre pays, et le pouvoir avait distribué de nombreux petits postes de radio afin de diffuser sa propagande. Postes sur lesquels on ne pouvait capter que la radio officielle et RTLM. Pour le peuple, c'était l'autorité qui parlait ! On aurait pu arrêter le génocide si les Casques bleus avaient saisi tous les transistors !
- Que signifiait « travailler » dans la bouche des animateurs de cette radio ?
- Il s'agissait de faire le génocide. Quand ils disaient : « On va travailler », cela voulait dire : « Allez tuer et violer ! »

L'avocat aborde ensuite le délicat sujet de l'Église catholique au Rwanda :

- Vous avez été recueillie par des religieuses dans des lieux sacrés qui allaient devenir des lieux atroces...
- Nous avions confiance dans les églises. On y priait et on n'y tuait pas. Un responsable religieux était comme un Dieu, mais les ecclésiastiques constituaient aussi le pouvoir au Rwanda ! Alors que je cherchais une école pour poursuivre mes études d'infirmière, j'ai été refoulée – car j'étais tutsi – par une sœur... belge ! Je suis formelle.

En 1994, des religieux ont participé au génocide. Ainsi, j'ai vu le père Wenceslas (à présent réfugié en France) se promener avec un pistolet à la main. Il aidait à dresser des listes et à mettre les gens dans une file... Et puis, Monseigneur Echegarray est venu en visite au Rwanda alors que l'on tuait des enfants...
- Quelle a été l'attitude des autres Églises?
- Étant catholique, je ne sais pas ce qui se passait chez les autres. Mais, selon des témoignages, les musulmans n'ont pas participé au génocide.

Retenant difficilement son émotion, Me Hirsch, plus spécialement conseil du Collectif des victimes, s'adresse avec peine à Yolande:

- Et les viols?
- Je travaille en étroite collaboration avec l'Association des femmes violées pendant le génocide. Beaucoup meurent du sida. Je suis affolée. Le viol était organisé. C'était une arme du génocide, car il fallait humilier la femme tutsi. Les jeunes filles et les femmes étaient violées en série et à tour de rôle. Certaines d'entre elles se sont suicidées après ce drame.

D'aucuns se demandent comment Yolande a échappé à la mort dans cette chasse abominable aux Tutsi:
- Quand mes enfants étaient torturés sur le cadavre de leur papa, j'ai tenté de rester avec eux, mais ils m'ont supplié de quitter les lieux: «Va-t-en!» m'ont-ils crié. «Nous ne voulons pas assister à ton supplice après avoir vu celui de papa...»

Christian Mukagasana avait 15 ans, Sandrine, 14 ans, et

Nadine, 13 ans. Par leurs dernières paroles, ils ont permis à leur maman d'être sauvée et de venir témoigner à Bruxelles et dans le monde.

À l'issue de son témoignage, Yolande va s'asseoir dans le public, mais, visiblement exténuée, elle se lève et quitte la salle au bout de quelques minutes, au moment où d'autres témoins se présentent à la barre.

**Le massacre en direct**

Yolande Mukagasana a raconté dans son livre la folie qui s'est emparée du Rwanda. Elle a assisté à des scènes d'une impensable cruauté.

- Je vais lui couper les seins, ils tomberont comme des mangues pourries.

Éclats de rire graveleux. Ils ont peur. Ils ont besoin de rire, ils ont peur de tuer.
(...)

- On va la violer. Sûr qu'elle doit avoir le sexe accueillant.
(...)

Moins jovial, un jeune homme conteste. Pourquoi faut-il violer Muganga ? Pourquoi faut-il lui couper les seins ? (...)

- Ils ont dit à la radio qu'elle était un serpent. Et tout le monde sait qu'elle est la maîtresse de Dallaire.

- Parce qu'elle aime les queues blanches, renchérit un autre.

Nouveaux éclats de rire.

- Mais peut-être que tu es toi aussi un cancrelat, interrompt une voix grave. Quel âge as-tu ?
- 16 ans. (...)

Les hommes rient de la naïveté du jeune homme, c'est cela la force de l'endoctrinement : l'humiliation. (...)

Le soir, les prêtres décident que toutes les filles de Mu-Bwiza doivent se raser, pour s'enlaidir. Je dors auprès des inviolables. Tôt au matin, j'entends des cris et des coups de sifflet. Je me lève en silence, me perche sur la table du réfectoire. Un enfant court sur la piste, poursuivi par une dizaine de miliciens. D'autres lui barrent la route, l'appréhendent, le ramènent à la barrière. C'est à coups de marteau qu'il est mis à mort. Sa boîte crânienne explose, avec un bruit de noix de coco. Je reconnais ce bruit que j'avais entendu sous l'évier, la nuit. Je comprends mon erreur. Les miliciens n'avaient pas soif, ce soir-là. Ils exécutaient.

Lorsque la boîte crânienne est brisée, les coups de marteau ont une résonance plus grave, cela ressemble à un hachoir électrique qu'enraieraient des os inattendus.

- Vous avez entendu ce que nous venons de faire à l'enfant du serpent ? crient les miliciens. C'est cela que nous allons faire à la fin. Vous serez notre dessert.

## Tout le monde tuait

Retour au palais de justice bruxellois: parmi les témoins « de contexte », certains ne partagent pas toujours la même vision « historique » des événements tragiques qui ont eu lieu d'avril à juillet 1994.

Ainsi, Christian Debeulle, ingénieur technicien et ex-volontaire pour les Nations unies (*ONU*) devenu coopérant pour l'État belge, évoque son expérience :

- J'ai travaillé de 1979 à avril 1994 au Rwanda. J'étais très proche de la population.
- Avez-vous pressenti le génocide ?
- On sentait d'énormes tensions qui pouvaient aboutir à des violences. Mais on a fait beaucoup de tort aux Rwandais en mettant tout le monde dans le même sac.
- À savoir ?
- Bien avant les événements, il n'y avait pas de haine envers les Tutsi. L'argument de leur exclusion dans les écoles ne valait pas. Je l'ai vérifié en tant que professeur. Mais des articles publiés dans la presse belge, dans « Le Soir » et « La Libre Belgique » en particulier, ont blessé l'amour-propre de Rwandais. Et puis, personne n'avait confiance dans les Casques bleus, ne fût-ce qu'à cause de leur comportement. Et c'était sans compter avec les exactions des Tutsi du FPR (*le Front Patriotique Rwandais, émanation de réfugiés tutsi et de leurs descendants, créé en Ouganda en 1988*)... La population avait donc peur.

Monsieur Winants, avocat général, visiblement irrité, lui lance :

- Pour vous, le génocide, c'est la faute du FPR, de la presse belge, des Casques bleus...
- Merci bien ! C'est caricatural...
- ...c'est à la lumière de votre caricature !

Maints observateurs « neutres » évoquent déjà les tentatives d'atténuation du génocide, alors que plusieurs témoins n'hésitent pas à affirmer que « tout le monde tuait ».

La complexité de la situation a fait dire à Joseph Matata, militant pour les droits de l'homme :

- À ce procès, vous entendrez des personnes manipulées et des délateurs. D'autres ne viendront pas à Bruxelles, par peur des représailles.

Claudine Vidal, historienne, directrice de recherche en sociologie au CNRS (France), a travaillé dès 1967 sur le terrain, plus spécifiquement dans les collines :

- L'implication d'intellectuels, de gens mieux éduqués et plus occidentalisés, dans la construction de la haine antitutsie est indéniable. Or, dans les collines, ce discours de haine entre Tutsi et Hutu était inexistant. De plus, à Butare comme à Kigali, les petites gens étaient opposées à ce mouvement de haine. Celui-ci a donc bien été mis sur pied par des autorités afin de déstabiliser le pays. Mais il faut aussi souligner que tout le monde ne marchait pas dans cette direction et que certains se sont opposés aux massacres.
À vrai dire, des intellectuels rwandais ont fait la même chose que des intellectuels qui en avaient appelé au génocide des Juifs dans les années 1930 à 1940.

- Et l'Église catholique rwandaise ?
- Dans les écoles et les missions contrôlées par l'Église, la hiérarchie était celle du pouvoir en place. Mais certains religieux se sont dressés contre la violence, plus spécialement à l'égard des Tutsi.

Au fil du procès, outre les multiples divergences qui éclatent et l'extrême tension qui règne dans le prétoire, le président Maes se rend compte de la difficulté de la tâche à gérer les débats dans le timing prévu :

- Certains témoins venus du Rwanda souhaitent déposer à huis clos, d'autres ne viendront pas, parmi lesquels certains sont à charge et à décharge des accusés. Dès lors, on va faire ce que l'on peut avec ce que l'on a !

**Jeu de cartes professoral**

Le professeur d'université Vincent Ntezimana n'a pas passé avec brio son interrogatoire, mené par le président Luc Maes. Il a même lamentablement échoué face aux questions de membres du jury et de différents avocats des parties civiles, selon un sentiment évoqué entre journalistes.

- Je n'ai jamais écrit le moindre document antitutsi, je n'ai jamais dressé de listes pour les tueries, dit-il. Au contraire, j'ai dénoncé la violence des milices. Vérifiez les témoignages ! Certains sont contradictoires et méritent une réflexion et une réponse. (*Il sourit.*)
- Et la jeune fille tuée chez vous ?
- C'est Nkuyubwatsi qui l'a tuée à l'arme blanche, et elle a été achevée sous mes yeux. Je n'y pouvais rien.
- Et le jeune homme massacré à qui vous auriez porté des

coups après lui avoir demandé sa carte d'identité ?
- Il faisait nuit et il était impossible de lire sa carte d'identité. C'est moi qui ai dénoncé ses agresseurs, des militaires.
- Et les meurtres de Victor, de sa femme, de leur fille et de leur domestique ?
- On m'a aussi accusé d'avoir tué d'autres personnes, alors que j'étais à la frontière du Congo. À quoi rime tout cela ?
- Que faisiez-vous ce 21 avril 1994 dans l'après-midi, pendant que votre collègue et voisin Karenzi était tué et que plusieurs centaines d'étudiants de votre université étaient massacrés ?
- Je jouais aux cartes avec des amis...

**Pressions, diffamation, calomnie...**

Lors des dernières audiences, le professeur Ntezimana a été en très mauvaise posture, tout comme l'Université Catholique de Louvain (UCL), où il a fait ses études et travaillé.

Désigné comme idéologue antitutsi et fuyant le Rwanda à l'issue du génocide, l'homme a été accueilli avec des « facilités choquantes » à Louvain-la-Neuve, selon le professeur Jean Pestiau. Il y a même eu des pressions insidieuses (menace de procès en diffamation) à l'encontre de ceux qui s'élevaient contre cet accueil. C'est dire si ce genre de révélation a confirmé certains propos selon lesquels Vincent Ntezimana était loin d'être aussi angélique qu'il le laissait croire, dit-on au palais de justice.

- À l'époque, il a véhiculé un manifeste dactylographié sur le site de l'université belge appelant au génocide des Tutsi. Il a aussi dressé des listes de Tutsi, qui furent ensuite massacrés.

Le prêtre Augustin, qui a fréquenté Vincent Ntezimana à Louvain-la-Neuve, a choisi, lui, de le défendre :

- Je ne crois pas les accusations que je lis dans la presse à son égard. Je ne l'ai jamais entendu parler contre les Tutsi. Au contraire, il a rédigé des critiques très sévères contre le parti du président. Je me demande si l'on parle du même homme.

Professeur à l'UCL, Jean-Pascal van Ypersele, brillant climatologue de réputation mondiale, est également venu défendre sa position devant la cour d'assises :

- Je me souviens très bien de documents écrits par Vincent Ntezimana. Ils appelaient à la paix et condamnaient les milices. Il critiquait le régime du président Habyarimana et les méthodes du Front Patriotique Rwandais qui voulait le renverser. Il est retourné dans son pays avec l'espoir de rechercher une troisième voie de conciliation.

Après les événements de 1994, il a fait parvenir un fax de demande d'aide à l'UCL. Il avait l'air d'être en enfer avec ses deux enfants, alors que son épouse était à New York. Avec l'accord des plus hautes autorités universitaires, il est revenu à l'UCL pour faire des études complémentaires grâce à une bourse.

- Vous n'aviez donc pas encore entendu parler de ses supposés massacres.
- Aucunement ! Personne ne souhaitait aider quelqu'un qui aurait participé au génocide.
- Mais des rumeurs précises et des accusations graves ont circulé peu de temps après son retour.

- Des étudiants rwandais, choqués, ont prévenu les autorités.
- Avez-vous enquêté ?
- Oui, à contrecœur, car ce n'était pas mon métier. Nous avons rencontré les accusateurs, ainsi que deux femmes qui auraient été menacées de mort par Vincent Ntezimana. On a tourné en rond, car il ne s'agissait que de rumeurs. À chaque fois que l'on enquêtait, j'ai eu l'impression qu'il y avait un travail de construction de faux témoignages. Mais je peux me tromper.
Nous avons aussi demandé à l'intéressé sa version des faits, que nous avons transmise à la Sûreté de l'État.
- On dit que vous avez fait pression sur les accusateurs.
- Je leur ai parlé de contradictions dans leurs témoignages, de mensonges et de faux témoignages, selon ma conviction intime. J'ai dit que colporter de fausses rumeurs s'apparentait à de la diffamation. Certains journaux belges me font passer pour un ami de Vincent Ntezimana. C'est faux ! On l'a même accusé d'avoir tué sa domestique. Or, celle-ci est toujours vivante.
- Le professeur Pestiau s'est senti menacé par votre phrase concernant la diffamation. Vous avez l'habitude de ce genre de propos ?
- C'est très rare. J'ai cru que c'était mon devoir de citoyen de le lui dire. Je suis en paix avec ma conscience. Laissez-moi cependant vous dire que le professeur Pestiau vient d'être condamné pour ce type de diffamation. Il aurait mieux fait de m'écouter !
Et puis, ne fait-il pas partie d'un mouvement d'extrême gauche qui veut la destruction de l'État ? (*Brouhaha dans la salle.*)
- Vous avez vous-même rapporté aux enquêteurs divers propos concernant un présumé génocidaire, propos appris

par d'autres sources que les vôtres.
- Je les confirme.
- Et c'est vous qui parlez de diffamation !
- (*Long silence.*) Si Vincent Ntezimana ment avec autant de cohérence depuis des années, eh bien, il doit recevoir un prix Nobel demain matin ! (*Remous dans la salle.*)
- L'accusé a le droit de mentir, pas le témoin ! lance le président Maes.
- Donnez-moi une semaine pour préparer l'historique de tous les contacts que j'ai eus dans cette affaire. Je pense que ceux qui veulent nuire à l'accusé ont des objectifs politiques. Et puis, on peut se poser des questions sur l'indépendance de l'enquêteur belge Destexhe (de la P.J.) quand on sait qu'avec l'aide de Gasana Ndoba (*président de la commission rwandaise des droits de l'homme et proche du professeur Karenzi assassiné avec sa famille à Butare, partie civile dans ce procès*), il a adopté une petite Rwandaise.
C'est pourtant cet enquêteur qui a établi la moitié du dossier... (*Vifs remous dans la salle et sur les bancs des avocats des parties civiles. Au lendemain de cette déclaration, Mes Hirsch et Gillet déposeront plainte pour diffamation et calomnie contre le professeur van Ypersele, au nom de Gasana Ndoba.*)

## Ni Hutu, ni Tutsi, mais enfants de Dieu

À leur tour, Higaniro et les sœurs Gertrude et Maria Kisito ont droit à l'attention du président Luc Maes, des jurés et des avocats. Leur version des faits ne correspond pas à l'acte d'accusation (vingt-deux homicides recensés à eux trois et un nombre indéterminé d'autres méfaits mis à leur charge) :

- Nous réfutons catégoriquement toutes les accusations proférées à notre égard !

Moment particulièrement attendu dans cet important procès: l'interrogatoire des deux sœurs que l'on dit avoir vu aider, d'une manière ou d'une autre, les milices (Interahamwe) et militaires à commettre des actes barbares au monastère de Sovu, sous les ordres du «chef» Rekeraho (celui-ci a déjà été jugé devant la Cour militaire rwandaise. Reconnu coupable de génocide, il a été condamné à mort).

Parmi ces actes, celui d'apporter des jerrycans d'essence afin de permettre de bouter le feu à un garage où s'entassaient des centaines de réfugiés. Incommodés par la fumée, les malheureux se sont précipités à l'extérieur où ils ont été massacrés à coups de machette.

Sœur Maria Kisito est mise sur la sellette et tente d'esquiver les questions de plus en plus précises:

- Certains éléments du dossier laissent penser que deux de vos frères faisaient partie des Interahamwe.
- Je n'ai vu aucun de mes frères parmi ceux-ci puisque j'étais au monastère.
- Le 23 avril 1994, vous avez quitté le couvent avec d'autres religieuses. L'avez-vous quitté à un autre moment?
- Non. Je ne pouvais pas abandonner la clôture.
- Pourtant, certains témoins affirment le contraire. D'autres témoignages font état que, le 22 avril, vous auriez, seule ou avec sœur Gertrude, apporté de l'essence pour incendier le garage.
- Je n'ai jamais mis un pied à cet endroit et je n'ai absolument rien fourni aux miliciens.
- Et vos promenades parmi les corps qui jonchaient le sol en ce même 22 avril? Vous cherchiez de l'argent sur les victimes?

- Je vous répète que je n'ai pas mis un pied à l'extérieur et que je suis restée à l'intérieur du monastère avec d'autres nonnes, sauf vers 17 heures.
- Pour accompagner sœur Gertrude ?
- Oui. Nous étions occupées à prier quand Rekeraho a secoué le portail pour qu'on lui ouvre. Sœur Gertrude est sortie et je l'ai suivie pour la faire revenir en arrière.

Sur un ton doux, la sœur murmure :

- Nous étions aveuglées par les atrocités qui s'étaient déroulées. Moi, j'ai rebroussé chemin.
- Et quand sœur Gertrude se rendait à la commune (*elle aurait demandé aux autorités de faire le nécessaire pour que les centaines de réfugiés quittent le monastère*), l'avez-vous accompagnée ?
- Non.
- Avez-vous servi à boire aux génocidaires ?
- Non. J'avais peur, et il me fut répondu que je ne devais rien craindre, car j'étais Hutu. Je leur ai répondu qu'il n'y avait ni Hutu, ni Tutsi, car nous étions tous des enfants de Dieu.
- C'est la première fois que vous déclarez ça !
- Oui...
Puis, se ravisant, sœur Maria Kisito avoue :

- C'est vrai qu'« on » a donné à boire aux militaires pour les apaiser. Moi, j'ai été torturée, giflée et frappée par un milicien.
- Avez-vous personnellement donné à boire ?
- Je leur ai dit que je devais rester solidaire avec ma communauté et que je préférais mourir. J'ai été obligée de servir à boire en compagnie des sœurs Stéphanie et Thérèse.

- Étiez-vous présente quand, le 25 avril, Rekeraho a fait le tri parmi d'autres réfugiés?
- Je n'étais pas présente, car j'étais dans l'église. Et puis, il y a eu le sauve-qui-peut, mais je suis restée près de l'édifice. J'ignore tout ce qui s'est passé.
- Rekeraho a certifié vous avoir véhiculées toutes les deux.

Sœur Gertrude (la mère supérieure du couvent) se lève et, d'une voix tout aussi douce que celle de sa voisine de box, dit:

- Je n'ai eu aucun contact avec Monsieur Rekeraho.

Les questions se suivent à un rythme effréné:

- L'épouse du bourgmestre local prétend que vous êtes venues au domicile de son mari, vous et une sœur «grosse».

Sœur Gertrude:

- Je me suis rendue à la maison du bourgmestre avec sœur Bernadette et non avec sœur Maria Kisito.

L'avocat général, Monsieur Winants, s'exclame:
- Je suis stupéfait de la fantastique résurrection de la mémoire de sœur Gertrude! C'est un miracle! Elle a été entendue à neuf reprises par les enquêteurs et n'a jamais donné ces détails. Comment peut-elle expliquer qu'aucune religieuse n'a été tuée dans son monastère et que celui-ci n'a pas fait l'objet d'attaques?
- Je suis surprise d'entendre ça! Rekeraho est quand même venu avec ses miliciens.
- Ce n'était pas une attaque, puisqu'il a frappé au portail

et que vous êtes allée lui ouvrir!
- La situation était impossible et je me réjouis qu'il y ait eu des survivants. Parfois, ils tuaient, parfois, ils sauvaient des vies... La situation était illogique et il y a eu des enchaînements de circonstances. (...) Nous sommes tous des êtres humains et nous étions dans une situation épouvantable. J'ai peut-être commis beaucoup de fautes, mais il y avait une pression intensive.
- Quel montant avez-vous donné à Rekeraho? C'était de l'argent personnel ou du couvent?
- J'ai donné deux fois 100 000 francs rwandais avec l'argent du couvent.
- Ce n'était pas de l'argent des réfugiés?
- Certains ont complété la somme.
- Pour mourir plus vite et avec moins de souffrance, des réfugiés payaient...
- J'ai appris cet élément, mais je n'y suis pour rien.
- Rekeraho a dit avoir reçu un seul paiement et pas deux.
- Il avait demandé de l'argent pour enterrer les victimes. Moi, je lui en ai donné pour la survie des personnes.

La Cour et les avocats reviennent à sœur Maria Kisito:
- N'étiez-vous pas considérée comme une sœur de sang par Rekeraho?
- Rekeraho n'est pas mon frère, je ne suis donc pas sa sœur de sang.
- Ethniquement parlant!

Problème pour les deux sœurs: des témoins venus en ligne directe du Rwanda ont décidé de témoigner. Ainsi, sœur Marie-Bernard, également bénédictine à Sovu:

- Sœurs Gertrude et Maria Kisito sont les principales actrices de la mort de mes deux frères qui s'étaient réfugiés dans le couvent. Un jour, à l'heure de la prière, sœur Gertrude a déclaré : « Devant Dieu tout-puissant, je demande à toutes les religieuses qui ont leur famille au couvent de la faire sortir, sinon je vais le faire moi-même avec l'aide de l'État. »

Elle a aussitôt quitté le couvent en compagnie de l'un des leaders de la milice. Ils sont rentrés après quelques heures et les miliciens ont alors encerclé les lieux. Sœur Maria Kisito est montée avec des policiers pour leur montrer l'endroit où se trouvaient nos familles. Certaines personnes ont été massacrées sur-le-champ.

Réaction de sœur Gertrude :

- Il ne faut pas prendre en considération le témoignage de sœur Marie-Bernard, car elle a toujours été insoumise à mon autorité et cherche à se venger.

Sœur Marie-Bernard, qui a quitté les ordres deux ans après les massacres, est l'une des deux nonnes qui a osé témoigner à charge de ses deux anciennes collègues de Sovu :

- Malgré la pression de ma hiérarchie ! confirme-t-elle devant la Cour.

**« Je suis une bête, un animal... »**

L'autre « courageuse », sœur Solange, 33 ans, témoigne à son tour :

- J'ai entendu sœur Gertrude dire au bourgmestre local :

« Non et non ! Je ne veux pas de réfugiés dans le monastère, car c'est à cause d'eux que nous avons des ennuis. »
- Quand vous vous êtes réfugiée à l'étranger, plus particulièrement au monastère belge de Maredret, a-t-on fait pression sur vous pour que vous évitiez de parler des événements ?
- (*Très long silence.*) Ce qu'on m'a demandé de faire... est d'apporter un témoignage à décharge de sœur Gertrude.
- Qui vous l'a demandé ?
- La supérieure, mère Marie-Jeanne.

Vénérande, petite cultivatrice de 53 ans venue du Rwanda, s'avance, tête baissée, vers la barre des témoins.

Elle pleure doucement en racontant le drame qui l'a frappée :

- Je me suis réfugiée au couvent de Sovu avec mon mari et mes neuf enfants.
- Y a-t-il eu des victimes dans votre famille ?
- Cinquante-sept de ses membres ont été tués, dont mon mari et six de nos enfants.
- Qu'avez-vous vu et entendu ?
- J'étais cachée dans une petite pièce, non loin du garage. J'ai vu sœurs Gertrude et Maria Kisito apporter l'essence... (...) Quand nous nous sommes réfugiés au couvent, nous n'avons reçu ni à boire ni à manger. Ce sont Rekeraho, sœurs Gertrude et Maria Kisito qui ont donné l'ordre d'attaquer aux milices. Des enfants ont été massacrés à coups de gourdin et de hache sur la tête, d'autres ont été tués par balle. Moi, j'ai reçu beaucoup de coups sur le crâne...

Enquêteur québécois pour le Tribunal pénal international, Monsieur Tremplay vient alors apporter son témoignage : lui-même a interrogé le redoutable Rekeraho en personne durant plusieurs semaines.

- Durant une longue période, Rekeraho a nié les faits qu'on lui imputait. Puis, il a pris connaissance d'une lettre de sœur Gertrude évoquant certaines choses dans le but d'obtenir des documents nécessaires à son éventuel statut de réfugiée en Belgique. Rekeraho a alors parlé, car il n'était pas du tout d'accord avec la version de sœur Gertrude et voulait rétablir la vérité !

Il a affirmé avoir rencontré sœurs Gertrude et Maria Kisito de manière régulière et avoir décidé avec elles que les milices et les militaires attaqueraient le monastère de Sovu pour éliminer les Tutsi.

C'est ainsi que le 22 avril 1994, de 7 à 16 heures, le « travail » (à savoir l'extermination de centaines de réfugiés) a été fait. L'incendie du garage où s'entassaient des centaines de personnes a été rendu possible grâce à l'essence donnée par les deux sœurs.
Le témoignage de Rekeraho a été corroboré par d'autres témoins, rescapés du drame.
L'enquêteur québécois poursuit sa déposition de manière synthétique :

- Rekeraho est devenu un homme repentant : « Je suis une bête, un animal... » Il a aussi reconnu avoir massacré de ses propres mains plusieurs réfugiés. « Mes vêtements et mes mains étaient maculés de sang. Sœur Maria Kisito m'a donné de quoi me laver et me désaltérer. C'est bien sœur Gertrude qui a demandé que les miliciens s'occupent aussi des familles des autres nonnes. Toutes ont disparu. Elle a également refusé que la Croix-Rouge monte des tentes dans la cour du couvent. »

**Le procès va-t-il imploser ?**

Une heure par-ci, deux heures par-là : les retards s'accumulent dans ce méga procès initialement prévu pour se terminer dans la première semaine du mois de juin 2001.

Les causes ?

Un juré coincé dans d'indescriptibles embouteillages sur le ring de Bruxelles, un autre juré piégé par la grève des Chemins de fer, d'interminables incidents de procédure, des témoins qui reportent leur audition ou ne viennent pas, d'autres qui débarquent du Rwanda à l'aéroport national à 9 heures, heure à laquelle ils devaient témoigner au palais de justice selon le programme, et puis aussi et surtout, les multiples questions posées aux nombreux témoins, faisant dire au président Luc Maes :
- Ce procès ne doit pas consister à faire de l'exégèse politique, mais à juger quatre personnes. Si nous prenons une heure par témoin, nous en aurons jusqu'au 31 juillet. Je me refuse donc à poser des questions qui sortent du cadre des quatre accusés !

C'est la goutte qui a fait déborder le vase, au terme du premier mois d'audience. Une audience a même été suspendue à la suite d'un grave incident entre le président et Me Vanderbeck, ce dernier déplorant de ne pouvoir questionner un témoin comme il l'entendait.

Me Vergauwen, au nom des avocats de la défense, prend publiquement la parole :

- La fatigue se lit sur tous les visages, c'est le signe d'une dérive que l'on dénonce avec fermeté. Ce procès est en train de perdre de sa sérénité. Il y a trop de frictions, de tension et d'incidents. Nous ne pouvons plus tolérer qu'il se poursuive dans ce climat.

Il est inacceptable que des questions, que nous estimons capitales, soient rejetées par le président. Il est inadmissible de siéger aussi longtemps dans une journée, parfois jusqu'en soirée. Quelquefois, on ne sait plus où on en est. Il s'agit pourtant de la culpabilité ou de l'innocence de quatre accusés qui est en jeu.

Un profond malaise s'est installé et d'aucuns se demandent si ce procès ne va pas s'enliser ou imploser en perdant son but unique et essentiel : celui de rendre justice aux centaines de milliers de victimes du génocide.
Mais, d'autres questions se profilent encore...

## D'intolérables pressions

Ainsi, dans les travées du palais de justice (c'est fou ce que des avocats parlent aux journalistes durant les interruptions de séances...), il se dit que l'enquête a été sérieusement « maltraitée » par la magistrature et les politiques, du moins par certains, ne faisons pas d'amalgames !

Ainsi, l'objectif de plusieurs personnalités belges était tout simplement le « non-lieu ». Pour ce faire, de manière aussi subtile qu'insidieuse, des pressions ont été exercées.

Rappelons les propos tenus par le juge Vandermeersch : « Je me suis senti sous pression (...) et j'ai eu le sentiment que le climat pour les témoins était plus difficile en Belgique qu'au Rwanda. »

L'Internationale démocrate-chrétienne (IDC) est souvent pointée du doigt, mais aussi des membres ou proches du CVP (*Parti catholique flamand*), de l'Opus Dei, du renouveau charismatique, de l'UCL et autres.

Pour la première, il était question de renvoyer dos à dos les génocidaires et les membres du Front Patriotique Rwandais.

Trois mois après le génocide, différentes personnalités et des membres du CVP sont revenus d'Afrique en tenant des discours fort proches de celui du tristement célèbre Hutu Power.

Quant au procureur du roi Benoît Dejemeppe, il aurait contacté le juge Vandermeersch pour lui suggérer un non-lieu, ce qui fut sévèrement rejeté par l'intéressé.

- Il est de notoriété publique que Benoît Dejemeppe est proche du PSC (*Parti Social Chrétien*), nous confie un avocat. Mais ce n'est pas lui qu'il y a lieu d'épingler. Plutôt le parquet général qui, lui, aurait demandé d'agir de la sorte.

Certains, dont l'auteur Léon Saur (*Influence parallèle*, Éditions Luc Pire), avancent même que des interventions se sont fait jour à un très haut niveau de l'entourage du Palais royal.

Enfin, d'aucuns n'hésitent pas à dire que sans l'éviction du CVP et du PSC du gouvernement, ce procès en cour d'assises n'aurait jamais eu lieu.

- Une telle attitude de la part des milieux chrétiens se comprendrait aisément, selon le même avocat, car de nombreuses exactions ont été commises par des gens de l'Église catholique au Rwanda. Il fallait donc les minimiser, les occulter, voire blanchir leurs auteurs.

Cette tentative de déstabilisation de l'appareil judiciaire n'a pas eu lieu puisque le procès se tient aux assises. Et puis, il faut rester objectif et souligner qu'il existe également des gens d'Église qui ont lutté contre les massacres.

D'où, la nécessité absolue de poursuivre ledit procès!

**Plus terrifiants que les nazis?**

Nous en sommes à la septième semaine du procès et place est faite aux réquisitoires et plaidoiries qui promettent d'être «chauds»!

En brandissant une machette, Monsieur Winants, avocat général, joint le geste à la parole:

- Que de gens sont tombés sous la lame bien affûtée de pareille arme!

Et de rappeler les difficultés pour que ce procès d'assises puisse voir le jour:

- Je ne cache pas qu'il y a eu beaucoup d'oppositions dans certains milieux politiques, universitaires, ecclésiastiques, voire militaires, même judiciaires, effrayés par l'ampleur de la tâche. Mais je suis déjà fier d'être aux assises pour juger la pire tragédie du siècle avec le génocide des Arméniens et celui des Juifs lors de l'Holocauste. Cela me conforte dans l'efficacité de la justice !

Je suis donc fier de parler au nom de cette conscience universelle qui rejette la barbarie.

Au nom de cette conscience et de la justice universelle, je vous demande de déclarer les quatre accusés coupables.

Je ferai tout pour qu'ils se retrouvent là où ils doivent être, c'est-à-dire en prison. Bien entendu, ils sont polis, ils tentent de se montrer sous leur meilleur jour. Ils nient, ce qui est leur droit, mais que voulez-vous qu'ils fassent d'autre ?
Me Clément de Clety, au nom de milliers de veuves rwandaises, abonde bien évidemment dans le sens de l'avocat général et commence sa plaidoirie en citant un certain Gaspard, séminariste, qui parle de centaines de cadavres disséminés dans les bâtiments et dépendances d'une école : « On marche littéralement sur les cadavres d'enfants... Ici, on a tué comme ailleurs on déboise. »

L'avocat poursuit :

- Un million de personnes tuées en treize semaines : cela a été fait scientifiquement « mieux » que les nazis ! Les crimes commis par les quatre accusés concernent toute l'humanité.

J'ai lu les 18 894 pages de ce dossier: c'était insoutenable. Ntezimana? C'est un extrémiste de la pire espèce, un idéologue du racisme. Ses écrits sont dignes des plus infects textes nazis. Intellectuel brillant et séducteur, il se présente comme un charmeur dans les milieux bien-pensants de Louvain-la-Neuve, mais c'est un manipulateur.

Higaniro? Il n'aime pas les Tutsi et c'était un apparatchik, un ami du président Habyarimana (*proche du roi Baudouin, a-t-il été dit à plusieurs reprises*), dont l'« ouverture » du régime dérangeait, car il défendait aussi ses propres intérêts.

Les deux sœurs? Ce sont des monstres! Elles osent dire que les accusations portées contre elles proviennent de petites rancunes de couvent. J'ai retenu quarante-deux témoignages rapportant que les tueries à leur monastère de Sovu furent marquées de leurs empreintes.
Ce qu'elles ont fait est comparable à ce que les nazis ont fait au bunker d'Auschwitz. Des Tutsi fatalistes partaient à la mort sans broncher, car le monastère de Sovu était devenu un camp d'extermination.

Une famille a payé un militaire pour être tuée par balle plutôt que découpée en morceaux.
De 6 à 7 000 hommes, femmes et enfants ont été exterminés en six heures avec la collaboration des sœurs Gertrude et Maria Kisito. Je les ai appelées « les sœurs j'ignore », car, à trente-sept reprises, j'ai relevé dans leurs interrogatoires ces mots, alors qu'elles ont participé de manière active au génocide.

Sœur Maria Kisito mériterait même une vitrine à elle toute seule au musée du mensonge !

Les quatre accusés me glacent, et j'ai l'impression d'avoir quatre serpents derrière moi, avec leur fausseté et leur froideur. »

**Déshumaniser les victimes**

Me Lardinois, son confrère, également conseil pour différentes parties civiles, s'exclame :

- Le président Habyarimana était à la tête d'un clan de voyous, de membres de véritables escadrons de la mort, de personnes arrogantes, mafieuses, relevant d'une caste de privilégiés suffisants, vaniteux, se croyant intouchables.

Parmi eux, Higaniro ressent une haine farouche à l'égard des Tutsi, au point de reprocher à certains de ses employés hutu de ne pas éliminer leurs femmes tutsi.

À l'issue du troisième génocide du siècle, Higaniro a quitté le Rwanda par un habile maquillage. Le persécuteur se disait persécuté au point de produire une demande de réfugié !

Comment les quatre accusés ont-ils pu participer à une telle ignominie en toute bonne conscience et sans le moindre état d'âme ? Et pourtant, ils l'ont fait froidement, au point de déshumaniser leurs victimes comme les nazis l'ont fait avec les Juifs en les assimilant à de la vermine. Contredire cette barbarie est un devoir !

Durant plus de trois heures, de manière méthodique, la voix souvent brisée par l'émotion, Me Hirsch poursuit cette longue évocation du martyre des Tutsi et des Hutu modérés :

- Rappelez-vous ces 800 000 corps sans sépulture. Tout le Rwanda était couvert de corps. On coupait même le tendon d'Achille de ceux qui tentaient de fuir vers la frontière du Burundi.

Rappelez-vous ces rivières qui charriaient des centaines de cadavres et les fosses communes.

Une survivante, ensevelie sous des corps, a assisté à la mort de son mari... Comment imaginer que des gens normaux aient pu participer à ce drame ? Mais la machine génocidaire se poursuit encore à l'heure actuelle, jusque dans cette salle, tant certains exercent des pressions. Que cela s'arrête ! Place à la justice !

Certes, les accusés ont le droit de mentir, de se taire et de prendre les juges pour des imbéciles, mais je n'ai pas l'impression que c'est un bon choix.

**Le « spectacle » de la torture**

Me Hirsch fait ensuite le récit de quelques situations qui glacent d'effroi la salle d'audience archibondée :

- Sous le couvert d'une association d'aide aux enfants déshérités de Butare, plusieurs réunions entre intellectuels ont eu lieu en janvier 1994. Ntezimana, Higaniro et le caporal Nizeyimana (introuvable et dont la tête est mise à prix par les Américains pour la somme de cinq millions de dollars) y participaient. Leur but était de déclencher l'apocalypse. Il n'y avait pas d'autres ennemis à tuer que ses voisins tutsi, avec qui on avait parfois partagé le repas !

Ntezimana et le capitaine Nizeyimana se côtoyaient aussi régulièrement au point de cohabiter.

Contrairement à ce qu'il prétend, le professeur Ntezimana n'a sauvé personne au péril de sa vie. Le juge Vandermeersch lui a demandé pourquoi il n'avait pas essayé de sauver son collègue, le professeur Karenzi ; de la torture et de la mort : « Il ne me l'a pas demandé », lui rétorqua Ntezimana (*vifs remous dans la salle*).

Devant la présente cour d'assises, Vincent Ntezimana avait effectivement déclaré « jouer aux cartes chez un voisin » au moment où on lui rapporta la mort de son collègue.
Me Hirsch n'en croit pas un mot :

- Jouer aux cartes ? C'était jouer avec les cartes d'identité des victimes ! Ntezimana supervisait les massacres après avoir assisté au « spectacle » de la torture en compagnie du préfet de Butare et d'autorités universitaires. Il dit n'avoir rien vu. Or, il y a eu de 100 000 à 200 000 morts à Butare, dont des centaines d'étudiants de sa propre université. N'oublions pas que c'est lui qui organisait les massacres, que c'est lui qui avait rédigé les « dix commandements », un texte immonde contre les Tutsi, qu'il a fait dactylographier et reproduire à l'UCL.

Dans un silence impressionnant, Me Hirsch évoque d'autres pages atroces du génocide de Butare :

- Les miliciens et les militaires ont été à l'hôpital massacrer toutes les infirmières tutsi. Une infirmière hutu a aussi été tuée parce qu'elle était mariée à un « ennemi » : « Ce qu'elle a dans son ventre est tutsi ! »
Un génocide n'est pas seulement un massacre au présent. C'est aussi un massacre de l'avenir d'un pays, parce qu'on élimine femmes et enfants.

L'avocate s'en prend directement à Vincent Ntezimana :

- Pour qui vous prenez-vous ? Croyez-vous que les survivants n'ont rien d'autre à faire que de monter un dossier contre vous ?

Enfin, elle s'adresse aux jurés et conclut :

- Merci de donner par votre verdict un cercueil aux victimes !

**Les réfugiés ? Des pouilleux !**

Dans le box, Vincent Ntezimana baisse la tête, Higaniro prend sans cesse des notes, sœur Gertrude scrute avec attention chaque intervenant, alors que sœur Maria Kisito ferme très souvent les yeux.
Me Jaspis, au nom de cinquante-huit personnes rescapées représentant des centaines et des centaines de victimes, aborde les responsabilités des deux religieuses :

- Les sœurs ont considéré les réfugiés comme des pouilleux et des gens dangereux pouvant mettre leur sécurité en danger. Pourtant, la règle de Saint-Benoît prône la qualité de l'accueil et l'ouverture vers le monde extérieur.

Et de rappeler les propos tenus par de rares survivants du massacre au monastère de Sovu :

- Ainsi, une jeune veuve a révélé : « Mon bébé a été transpercé d'une lance alors que je le portais sur le dos. J'en garde une cicatrice. Partout, on découpait les gens en morceaux. J'ai été violée par un nombre indéterminé d'hommes... »

Marie-Bernard, elle, raconte : « Une jeune religieuse a pleuré quand elle a vu que l'on refoulait les réfugiés. »

Et Solange, autre rescapée, de dire : « Ce qui comptait pour sœur Gertrude, c'était de protéger les bâtiments du couvent et la communauté. J'ai vu un enfant s'accrocher à sa robe avant d'être livré aux milices et être tué... »

De nombreux observateurs se demandent comment les Tutsi et les Hutu modérés de Butare n'ont pas senti venir le danger d'une extermination à grande échelle. La réponse la plus évidente est qu'ils ne croyaient pas que pareil massacre puisse être planifié, qu'ils faisaient confiance à l'armée, aux Casques bleus et au président Habyarimana, qui venait de tenir un discours d'« ouverture ».
C'était sans compter le machiavélisme scientifiquement organisé par certaines personnes, comme le professeur Vincent Ntezimana, l'industriel Alphonse Higaniro et le militaire sanguinaire Nizeyimana.

Le génocide fut effectivement orchestré en trois phases bien distinctes, comme le démontrèrent plusieurs avocats des parties civiles.

La première consistait à rassurer les Tutsi pour éviter qu'ils fuient vers le Burundi tout proche. Pour ce faire, les génocidaires avaient imaginé un système de « mise en confiance » : rondes, échanges téléphoniques entre voisins, système de téléaccueil, listes d'évacuation... avec la promesse formelle qu'en cas de problèmes, toutes les personnes en danger seraient prises en charge, protégées, voire évacuées « saines et sauves ».

Mais, très sordidement, les appels téléphoniques arrivaient chez le capitaine Nizeyimana, surnommé le « bourreau de Butare », et certaines listes étaient dressées par le professeur Vincent Ntezimana.

Les amener à s'inscrire sur ces listes avec tous les occupants de la maison, c'était permettre de mieux les répertorier pour les assassiner par la suite.

La deuxième phase consistait à préparer le terrain des exécutions en faisant venir des hommes et des armes du nord du Rwanda.

La troisième consista à mettre les listes à jour afin que tout soit prêt pour le 21 avril 1994, début du génocide à Butare. En préambule, afin de « se faire la main » en somme, le génocide a commencé le 20 avril par la mort d'un « symbole » tutsi : la « reine », une veuve de 81 ans qui vivait en paix et que nul n'aurait jamais osé toucher. Puis ce fut au tour du professeur Karenzi, autre personnalité phare à Butare. Premier docteur en physique du Rwanda, intellectuel de très haut niveau, aimé et respecté, il fut torturé à mort.

Ces deux meurtres étaient des signaux forts indiquant que tous les Tutsi pouvaient être massacrés.

## « Où sont les restes des miens ? »

Me Ramboer lit avec émotion un fax adressé à sœur Gertrude par un rescapé. Voici ce passage important du procès :

« Charles Butera travaille dans une banque de Kigali. Au moment du génocide, il se cachait dans la capitale rwandaise, croyant que son épouse, Chantal, et son jeune fils, Crispin (18 mois), étaient entre de bonnes mains au couvent de Sovu, tenu par les bénédictines.

Puis, plus la moindre trace de Chantal et du bébé. Il a très vite compris le drame qui s'était déroulé, comme en témoigne le fax qu'il a fait parvenir à sœur Gertrude, supérieure du couvent, réfugiée au monastère de Maredret, en Belgique :

- C'est avec une grande consternation et une désolation extrême que j'ai appris que tu as joué un rôle actif dans le génocide qui a ravagé le Rwanda. Comment as-tu pensé laisser à la merci des criminels une foule d'innocents qui pensaient trouver refuge et protection autour de toi ? Comment as-tu osé livrer aux bourreaux mon petit Crispin, qui te souriait innocemment et te tendait les bras en criant « tante », et « Jésus » en embrassant ta croix ? Tu te rappelles bien que les seuls quatre mots qui jusque-là sortaient de sa bouche étaient « papa », « maman », « tante » et « Jésus ».

Et sa mère, Chantal, ma très chère épouse, pour qui Sovu était devenu une deuxième famille ? Sont-ils morts à coups de machettes, de gourdins ou par balle ?

Toi et ton complice Ruremesha, vous devrez m'expliquer un jour. Actuellement, tous les rescapés passent leurs journées à enterrer les restes des leurs. Moi, j'ai sillonné le pays et je n'arrive pas encore à retrouver les restes des miens, tellement votre plan macabre était bien préparé. Mon angoisse est si immense que je ne parviens pas à trouver les mots pour l'exprimer.

Bref, je t'en veux. J'ose espérer que nous nous rencontrerons un jour, sur ou sous terre, au paradis ou en enfer. Nous aurons des explications à nous donner l'un à l'autre. »

Me Ramboer explique ensuite la genèse des atrocités au couvent de Sovu :

- Les bons rapports qu'entretenaient les deux sœurs avec les miliciens furent observés par de nombreux témoins. De plus, le chef de la milice, Emmanuel Rekeraho, accuse les deux religieuses d'avoir joué un rôle primordial dans le génocide de Sovu. Son témoignage est accablant. Il confirme qu'elles soutenaient du fond du cœur les efforts de la milice, sans subir une quelconque pression.

Leur alliance avec Rekeraho n'était pas fondée sur l'amitié, mais sur la volonté mutuelle d'éliminer la population tutsi de Sovu.

## Goupillon et balance de la Justice

En deux heures, Me Beauthier, également avocat de parties civiles, a « ramassé » dans sa plaidoirie la plupart des charges pesant sur les épaules des deux religieuses, mais il a également mis certaines choses au point sur un ton ferme, toutefois empreint de tolérance :

- Quelques magistrats belges ont confondu le goupillon avec la balance de la Justice. Un jour, le juge Vandermeersch dira ou écrira toutes les pressions dont il a fait l'objet afin de l'empêcher de mener à bien son instruction. Sans lui, nous ne serions pas ici, mais également sans le travail du procureur Verhelst, de la présidente Coopieters t'Wallant, de l'avocat général Winants, voire du président de la Cour, Monsieur Maes.
Outre le présent procès, sept autres dossiers nous attendent encore : ceux des coopérants belges massacrés dans la brousse car ils en savaient trop sur les quatre accusés (*voir ci-après*), ceux des paras lâchement assassinés...

Me Beauthier en vient aux deux religieuses, toujours impassibles dans le box :

- Elles sont prisonnières de leurs mensonges et des neuf versions des faits qu'elles ont données, chacune de leur côté, sans compter les « témoignages » de plus d'une dizaine de leurs groupies zélées.
Sœur Gertrude, supérieure du couvent, maligne, mais tellement menteuse, est une religieuse à géométrie variable en fonction des témoignages : après avoir aidé à bouter le feu au garage où s'étaient réfugiées des centaines de personnes, elle a osé dire qu'elle voulait mourir au sein de son monastère ! En août 1994, au journaliste du quotidien « La

Croix», elle a déclaré: «On se disait qu'après cinq minutes de coups de machette, le ciel serait toujours là. Après les machettes, le ciel sera beau...»

Élevant le ton, Me Beauthier se tourne vers la supérieure du couvent de Sovu:

- Je voudrais que sœur Gertrude avoue! Qu'elle réponde au message du pape, qui a demandé qu'il en soit ainsi deux ans après le génocide.

L'avocat poursuit et s'adresse, cette fois, à sœur Maria Kisito:

- Elle était toujours avec sœur Gertrude. Était-elle une Interahamwe? Quand les miliciens ont envahi le monastère, la plupart des nonnes ont fui vers leurs chambres, alors que sœur Maria Kisito parlait paisiblement avec eux, leur souriant parfois.

Alors, abattant une carte inattendue dans ce procès, Me Beauthier lit un document:

- En 1991, sœur Maria Kisito a déclaré: «Je suis une Interahamwe.» Certes, un avocat ne doit jamais injurier son adversaire, mais je dis que sœur Maria Kisito se nourrit et se repaît des malheurs de ses victimes. Impitoyablement. Comme un charognard. Ce nom terrible a trouvé ici son féminin.

La salle est médusée. L'avocat continue sa plaidoirie:

- Sœurs Gertrude et Maria Kisito ont sorti des Tutsi de leurs cachettes pour les livrer aux miliciens. Elles n'ont pas respecté un seul des dix commandements des bénédictines: «Tu ne tueras point, tu aimeras ton prochain, tu ne feras pas de faux témoignages, tu diras la vérité, tu accueilleras tes hôtes...»

Me Beauthier aborde ensuite le rôle de l'Église, sujet délicat et sensible:

- «Ne touchez pas aux nonnes, sinon c'est un complot!» ont crié des gens d'Église, dont une partie est véritablement imprégnée de racisme. La règle des bénédictines s'est effacée devant la loi des machettes. Il y en a marre des pressions de Maredsous, de Maredret, et de tant d'autres! À quelle organisation criminelle appartiennent-ils, tous ces gens qui font de faux témoignages et agissent de façon concertée?
Et Me Beauthier de conclure:

- Si on a vu sœur Maria Kisito allègrement rôder de cadavre en cadavre dans des charniers, n'oublions quand même pas que des religieux ont payé de leur vie leur aide aux réfugiés.

**Ils ont encore dit...**

• Édouard Kayihura, ancien substitut au parquet de Kigali, aujourd'hui expatrié aux États-Unis:
- En finançant certains partis et les Interahamwe, des sociétés comme Électrogaz-Rwanda ont participé de manière active à l'élaboration du génocide.

• Alphonse Higaniro, accusé :

- Toutes les pièces n'ont pas été versées au dossier. La preuve ? Certains documents arrivent au compte-gouttes en cours de procès. Bien entendu, c'est toujours dans le même sens. Il y a quelque chose qui se cache derrière tout cela...

• Me Hirsch, avocate de parties civiles :

- La perpétuité en Belgique ? Cela correspond à treize ans de prison.

**Lâche, mais pas complice**

Les défenseurs des quatre accusés n'ont pas toujours fait dans la nuance, aux yeux de maints observateurs « neutres ». D'autres ont bluffé ou, plus sobrement, rempli leur délicate tâche.

• Me Carlier, défenseur de Vincent Ntezimana :

- La douleur des victimes est compréhensible, mais elle n'est pas toujours lucide. Il n'appartient pas à l'accusé de prouver son innocence, mais à l'accusation de le dire coupable. Pas de fumée sans feu, dit-on. Dans ce procès, la fumée a servi à cacher la faiblesse des accusations.

• Me Evrard, avocat d'Alphonse Higaniro :
- Pour mon client, ce procès est une équation à mille inconnues. Ne parler que du génocide, n'était-ce pas dans le but d'émouvoir le jury ?

• Me Vergauwen, conseil de sœur Gertrude :

- C'est une lâche, mais pas une complice des génocidaires. Elle a été paralysée par la trouille de mourir. Certains l'ont diabolisée, en ont fait un monstre, un Eichmann...

• Me Wahis, défenseur de sœur Maria Kisito :

- Est-ce que quelques bénédictines sans armes auraient pu arrêter les massacres là où des militaires ont échoué ? Il y a eu mensonge collectif et concertation orchestrée. On ne peut pas fonder une culpabilité sur des témoignages qui n'ont cessé de changer au fil du temps.

• Me Monville, également avocat d'Higaniro :

- N'y aurait-il pas intérêt à balayer devant notre porte, nous qui donnons un mauvais exemple ? La politique belge est faite de compromis, de compromissions, de marchandages. Les accords de la Saint-Polycarpe et du Lambermont, ça vous dit quelque chose ? Voyez aussi le discours du FDF du 17 février 2001, dans lequel il est question de « résistance francophone qui semble fléchir », de « concessions faites face au formidable appétit de la Flandre, qui se double de nationalisme », des « combats de demain qui seront plus décisifs encore »...

Le président de la cour d'assises sort de sa réserve :

- Maître, comptez-vous poursuivre votre plaidoirie en disant que la Belgique est en état de conflit armé interne comme le Rwanda en 1994 ?

L'avocat général :

- Les écrits d'Higaniro s'inscrivaient dans un scénario génocidaire et n'ont rien à voir avec les paroles d'un obscur politicien wallon ou bruxellois. Pour la défense, il s'agissait d'un complot généralisé, de vengeances personnelles, d'un coup monté et d'un procès truqué. Moi, je me suis basé sur des faits ! Il est vrai que les bourreaux ont toujours la conscience tranquille...

**Le verdict**

Le jury a à répondre à cinquante-cinq questions sur la culpabilité des « quatre de Butare », puis, accompagné de la Cour, à fixer les peines éventuelles.

Il a fallu douze heures pour que tombent les verdicts et arrêts, sous le regard de la foule et de très nombreux journalistes, dont des correspondants européens, africains, américains et même asiatiques.

À des degrés divers, Nteziamana, Higaniro, sœurs Gertrude et Maria Kisito ont été reconnus coupables d'un nombre indéterminé de crimes de guerre et de nombreux autres faits plus horribles les uns que les autres.

Ils risquent tous les quatre la réclusion à perpétuité, peine réclamée par l'avocat général :

- Ils n'ont aucune circonstance atténuante. Faut-il avoir de la pitié et de la clémence à leur égard ? Les victimes y ont-elles eu droit, elles ?

Alors que leurs avocats tentent d'atténuer les paroles de Monsieur Winants, les condamnés ont le droit, comme la loi l'impose, de s'exprimer en dernier lieu. Ils n'ont pas exprimé le moindre regret à l'encontre des victimes.

L'ultime délibération (les douze jurés et la Cour) est attendue alors que règne un climat d'extrême tension.

Puis, durant trente-cinq minutes (!), le président Maes lit l'interminable liste des crimes et prononce les peines:
- Vincent Ntezimana est condamné à douze ans de réclusion et est acquitté pour le surplus; Alphonse Higaniro, à vingt ans; sœur Gertrude, à quinze ans; et sœur Maria Kisito, à douze ans. Leur arrestation immédiate est ordonnée.

**L'assassinat de trois coopérants**

Il a été question, durant le procès, de l'assassinat de trois coopérants belges aux premières heures du génocide rwandais. Le Premier ministre Verhofstadt a affirmé que « tout serait entrepris pour que justice soit faite là où le gouvernement précédent a failli à sa mission fondamentale. »

Alors, en marge du « Procès Rwanda » et à défaut d'être appelés à la barre, les proches d'Olivier Dulieu, de Christine André et d'Antoine Gofriaux, massacrés le 7 avril 1994, ont fait état de leur colère à la presse.

- Qui étaient les victimes?
- Des coopérants belges qui travaillaient pour « Nord-Sud Coopération », une organisation non gouvernementale montoise. Ils ont été assassinés à Rambura, dans le nord

du Rwanda, le même jour que dix Casques bleus belges à Kigali.
C'était le début du génocide. Ils ont très probablement été tués pour qu'ils ne parlent pas.
- Parler de qui et de quoi?
- Nous avons la très nette impression qu'on tente d'étouffer cette affaire. On veut même nous faire croire que leur mort a été un malheureux hasard. Qu'Olivier, Christine et Antoine se trouvaient au mauvais endroit au mauvais moment et qu'ils ont été assassinés à cause du climat anti-belge qui régnait au Rwanda à cette époque.
Or, selon nous, il n'en est rien. Nous pensons même que le meurtre a été prémédité, car les milices hutu de leur village avaient refusé de « faire le travail » (*les tuer*). Ce sont des miliciens d'un village voisin qui sont venus les éliminer. Et puis, une antenne militaire belge de coopération technique avec le Rwanda, basée à quelques kilomètres de Rambura, n'est pas intervenue malgré les appels de nos enfants. Pourquoi?
- Avez-vous des indices sérieux pour étayer vos accusations?
- Ils émanent du remarquable dossier établi par le juge d'instruction Vandermeersch. Mais ce dossier est bloqué. S'agit-il d'une volonté politique? Ce dossier foisonne effectivement d'indices prouvant des actes de corruption de la part d'une administration belge, de trafics divers, notamment d'armes, de turpitudes financières de la part d'un religieux montois...
Il dit aussi que les correspondants et promoteurs des projets Nord-Sud Coopération étaient T. B., accusé de génocide par le Tribunal pénal international d'Arusha, S. R., un proche du président Habyarimana, qui vit aujourd'hui en toute impunité en Belgique, d'Alphonse Higaniro, l'un

des « quatre de Butare »...
Tout cela, les trois jeunes coopérants le savaient. Si les mobiles du triple assassinat étaient dévoilés, il est évident qu'apparaîtraient en cascade les implications d'un monde politico-économique criminel qui s'étend largement au-delà de la coopération.
Nous avons l'impression que le procès Rwanda qui vient de se tenir n'a servi qu'à donner bonne conscience à l'État belge...

**Merci !**

Au moment où les journalistes quittaient le « Procès Rwanda » du palais de justice de Bruxelles, une jeune tutsi est venue nous dire :

- Je suis une rescapée de Butare. Dites à vos lecteurs que toutes les victimes remercient la Belgique d'avoir permis la reconnaissance de la tragédie que nous avons vécue.

Sous le titre *« Rwanda : les témoignages et les larmes »,* le reportage de Pierre Guelff a été archivé à la « Médiathèque des Territoires de la Mémoire », Centre d'Éducation à la Résistance et à la citoyenneté (reconnu par la Communauté française).

# DOSSIERS NOIRS DE LA GENDARMERIE ET PROCÈS BIDON

De nationalité américaine, mais ayant longtemps vécu en Belgique, Jean-François Buslik (âgé de 50 ans) est accusé d'avoir participé à l'attentat à la bombe contre une voiture de gendarmerie commis en 1981 et au vol d'objets de valeurs (or, montres Cartier, diamants) et de courrier diplomatique à Zaventem (aéroport national) en 1982.

Condamné à mort par contumace en 1995, il a été arrêté aux États-Unis. Son extradition en Belgique l'amène sur les bancs de la cour d'assises de Bruxelles (en octobre 2001) quelque vingt ans après les faits qui lui sont reprochés.

Un procès sentant la naphtaline, qui frise le ridicule et l'inutile en raison de l'ancienneté de l'affaire ? Pas si l'on prend en considération une multitude de faits graves et de rapports avec d'autres dossiers brûlants jamais résolus en Belgique : un mort (Juan Mendez, tué en 1986), une disparition restée sans suite (Francis Zwarts, « volatilisé » en 1982), des références faites aux « tueries du Brabant » et à d'inquiétants réseaux de type Gladio et WNP, de présumées implications des ex-gendarmes Bouhouche et Beijer, condamnés dans le cadre de l'affaire Zwarts. Bref, c'est un peu tout le passé noir de la Belgique des années 1980 qui est réveillé, alors que des familles de victimes attendent toujours de savoir pourquoi leurs proches sont morts et qui les a tués !

Durant deux heures, Monsieur Morlet, procureur général, lit son acte d'accusation, véritable plongée dans les dossiers noirs de la gendarmerie.
Une suite de scandales – parfois sur fond de règlements de comptes – de bains de sang, de trafics en tous genres ou de magouilles politicoaffairistes :

- Le 7 janvier 1986, le corps de Juan Mendez est découvert dans sa voiture le long de l'autoroute Bruxelles-Namur. Ce cadre commercial à la Fabrique National (*FN*) a été abattu de six coups de feu. L'enquête s'oriente rapidement vers une relation de la victime : Madani Bouhouche, ancien gendarme reconverti dans l'armurerie. Il sera inculpé de complicité d'assassinat et placé en détention préventive.
- Pourquoi cette mise en examen ?
- Parce que Bouhouche aurait détenu ou écoulé des armes provenant d'un important cambriolage commis chez Mendez à Overijse, en 1985, celui-ci en ayant détourné une quantité considérable au préjudice de son employeur. En octobre 1987, Robert Beijer, ex-collègue de Bouhouche à la gendarmerie et ex-associé de celui-ci au sein d'une agence de police privée, est placé sous mandat d'arrêt pour corruption de fonctionnaire, mais fournit aux enquêteurs des informations sur l'« affaire Mendez ».

**Armes volées, rackets, vols, bombe...**

- Quel type d'informations ?
- Des informations permettant de localiser une série de flats et de box de garage loués sous de fausses identités, vraisemblablement par Bouhouche.
- Qu'y cachait-on ?
- Dans un box, on retrouva un lot d'armes dérobées chez

Mendez, ainsi que des armes volées à l'Escadron Spécial d'Intervention de la gendarmerie. Le contenu de certains box aurait été évacué, à la demande de Beijer, par René Chang Wailing, alors que Christian Amory, ex-gendarme, aurait été contacté aux mêmes fins. Ces deux derniers ont révélé leur implication, aux côtés de Bouhouche et de Beijer, dans un projet de racket de grandes surfaces commerciales.
Et puis, le juge d'instruction a étendu ses investigations et s'est intéressé au vol d'un chargement d'or et d'objets précieux commis à l'aéroport de Zaventem le 25 octobre 1982, vol vraisemblablement doublé de l'homicide du convoyeur, Francis Zwarts.
- Des précisions à ce sujet?
- L'épouse de Bouhouche déclara avoir reçu des confidences de son mari concernant la participation de celui-ci et de Jean-François Buslik à ce cambriolage, et des montres de valeur provenant du vol semblaient avoir été détenues par Buslik et Beijer.
Parallèlement à l'instruction d'autres faits (*une agression à Anvers ayant causé la mort d'une personne*), des éléments seront recueillis à propos de la participation de Bouhouche et de Beijer dans l'attentat à la bombe contre une voiture de la BSR de Bruxelles, le 11 octobre 1981, fait qui met également en cause Buslik.

Bouhouche, notamment reconnu coupable de meurtre pour faciliter le vol, et Beijer, notamment reconnu coupable de recel d'objets provenant de ce vol, ont été respectivement condamnés par la cour d'assises du Brabant, en 1995, à vingt ans de travaux forcés et à quatorze ans de réclusion.

## Condamnation à mort, Groupe G...

- Pourquoi Buslik n'a-t-il pas été jugé à cette même occasion ?
- Ayant quitté la Belgique et résidant aux États-Unis à une adresse inconnue, Buslik a été jugé par contumace et condamné à la peine de mort. (*C'est le 10 juillet 1996 qu'une loi supprima la peine de mort du Code pénal et, en 2005, que le pouvoir constituant inséra dans la Constitution l'article 14 bis abolissant définitivement la peine de mort du droit belge.*) Retrouvé aux USA, malgré une nouvelle identité, et extradé, il a été livré aux autorités belges le 11 octobre 2000. L'arrêt de contumace a été anéanti de plein droit dès son arrestation, d'où son procès aux présentes assises.
- Les trente-quatre pages de l'acte d'accusation contiennent notamment des révélations de Martial Lekeu. Quelles sont-elles ?
- Le 30 août 1989, Martial Lekeu, ex-gendarme belge établi en Floride, est entendu dans le cadre des faits dits « du Brabant wallon ».
Lekeu déclare avoir participé à la création d'une cellule d'extrême droite au sein de la gendarmerie (le « Groupe G ») en 1982, avoir adhéré au Front de la Jeunesse, avoir noué des contacts étroits avec Paul Latinus, chef du mouvement néonazi WNP, et avoir entraîné des membres du Front de la Jeunesse à certaines techniques de combat.
Bouhouche assurait l'entraînement au tir du « Groupe G ».
Selon Lekeu, Latinus lui a confié que le vol à Zaventem aurait été exécuté par Bouhouche et deux autres personnes portant des uniformes de gendarme et faisant usage d'une Ford Taunus maquillée en véhicule de la gendarmerie.
Zwarts aurait été abattu par un des auteurs.

Lekeu ajouta que Beijer n'avait pas physiquement participé aux faits, mais qu'il s'est trouvé « dans un engrenage ».
- De quoi Busilk est-il accusé dans l'affaire de l'attentat contre une voiture de la BSR en octobre 1981 ?
- Des recherches effectuées par les enquêteurs ont révélé que des éléments ayant servi à la fabrication de la bombe avaient été achetés par l'exploitant d'un stock américain de Saint-Josse-ten-Noode. Madani Bouhouche, qui participait à l'enquête, a déclaré qu'il connaissait ce dernier, qu'il s'agissait de Jean-François Buslik, un ancien camarade d'école, mais que leurs liens s'étaient distendus, ce qui fut infirmé par les enquêteurs qui ont relevé des contacts étroits et réguliers entre les deux hommes jusqu'en 1986.
- La position de Jean-François Buslik à ce sujet?
- Il a reconnu avoir fait l'acquisition de matériel destiné à une commande à distance pour l'ouverture d'une porte de garage d'un client, un certain Jean De Knop. Or le portrait du soi-disant Jean, établi sur base de la description donnée par Buslik, présentait une ressemblance frappante avec la physionomie de Bouhouche...
«Je soupçonne Bouhouche de m'avoir manipulé», dira Buslik.
Renvoyés pour ces faits devant la cour d'assises du Brabant, Bouhouche et Beijer ont été déclarés non coupables par le jury.

**Une enquête volontairement pourrie?**

La Cour prend, alors, une journée de réflexion suite à la demande d'annulation du procès par la défense!

Voici les raisons de Mes Chomé et Motte de Raedt, avocats de Jean-François Buslik, et ténors du Barreau:

1. Les faits ayant eu lieu il y a une vingtaine d'années, qu'en est-il du délai raisonnable pour qu'un procès puisse se tenir dans des conditions normales? « Les jurés vont devoir se transformer en archéologues de l'histoire judiciaire, tant les faits remontent loin », estime Me Chomé.

2. Existence de nombreux faux en écriture dans ce dossier : « Il existe au moins une dizaine de faux procès-verbaux », ont reconnu des enquêteurs. « L'avocat général ici présent a auditionné un juge d'instruction qui avait été roulé par ceux-ci. C'est gravissime ! »

3. Des écoutes téléphoniques ont été opérées par les enquêteurs à l'époque et constituent, selon les avocats, 90 % de l'enquête. Or, ces écoutes étaient illégales.

4. Dans le cadre de l'attentat à l'explosif contre une voiture de la BSR, l'adjudant-chef Goffinon aurait été visé ou, alors, il se serait fait passer pour une victime, selon plusieurs personnes. Il était même suspecté par trois magistrats instructeurs. « Il n'était donc pas possible qu'il mène cette enquête. Or, il l'a fait ! Il y a donc eu gangrène de l'enquête. »

5. Des pièces à conviction ont été détruites. Il n'y a plus de preuves dans certains cas. D'ailleurs, la vitrine aux pièces est quasiment vide.

6. Depuis un an, la défense réclame une copie du dossier. « Depuis l'été, nous n'avons reçu, au compte-gouttes, que dix-sept cartons sur les quatre-vingts que comporte le dossier. »

7. Plusieurs acteurs, enquêteurs et témoins sont décédés ou introuvables... « Sans parler de la piètre qualité du travail des enquêteurs », souligne Me Motte de Raedt. « Ainsi, il n'a jamais été demandé à Buslik son emploi du temps lors de l'attentat à l'explosif ! »

Après en avoir délibéré, la Cour, présidée par Monsieur Laffineur (ex-juge d'instruction dans cette affaire), a décidé qu'à l'exception de l'écartement des pièces relevant d'écoutes téléphoniques illégales, ce serait au jury, en âme et conscience, de se faire une opinion.

**Un calme olympien**

Les débats débutent avec l'interrogatoire de l'accusé, suivi de l'audition d'enquêteurs, d'experts et de témoins qui ont dû extirper des catacombes leurs notes de synthèse, rapports et procès-verbaux, et les mémoriser, car la procédure en cour d'assises belge est encore orale.

Cheveux grisonnants, chemise à carreaux aux manches relevées, attitude décontractée, Jean-François Buslik répond avec un calme olympien aux questions du président, du procureur général et des membres du jury.

- Quand l'attentat à l'explosif a eu lieu, j'étais à l'étranger, car je m'étais engagé dans l'armée américaine. Je voulais piloter des hélicoptères.
- Ensuite, vous êtes revenu en Belgique.
- C'est exact, puis je suis retourné aux États-Unis, où je suis devenu instructeur et chef pilote en plus d'une activité en informatique. Je suis marié à une Américaine.
- Mais avant elle...

- J'ai effectivement eu d'autres relations affectives. Je passais une semaine chez une femme ou l'autre, mais il n'y a jamais eu de fusion de ménages...
- Qu'en est-il de l'affaire de l'explosif?
- Les faits sont anciens... Jean De Knop était un client du magasin de mes parents et je lui ai confectionné un appareil pour son garage pour 2 000 francs (50 euros).
- Et le portrait-robot de ce Jean De Knop?
- Je n'ai jamais été très physionomiste.
- Il était très proche de Monsieur Bouhouche.
- C'est ce qu'on m'a dit.
- Et l'affaire Zwarts?
- Je n'ai aucunement participé à ces faits.
- Monsieur Bouhouche parle pourtant d'un projet d'attaque d'un fourgon chargé d'objets de valeurs, et de votre implication dans les repérages.
- Je ne sais pas de quoi vous parlez.
- Votre ancienne amie Graziella évoque une montre Cartier que vous lui auriez offerte.
- Quand je suis revenu des États-Unis, j'ai acheté des répliques ou copies de montres en or Cartier à Bouhouche. Je les ai placées dans un coffre de ma cave et, à un réveillon de Noël, j'en ai offert une à mon amie. Je n'ai jamais connu la provenance de ces montres. Pour moi, il s'agissait de fausses...
- Mais vous lui avez dit: « Moins on en sait, mieux on se porte! »
- C'est vrai. De fausses montres ne sont pas tout à fait légales. Mais elles étaient si jolies...
- Que sont-elles devenues?
- Je les ai revendues en Italie.
- Avec bénéfices?
- Je ne me souviens plus.

- Bouhouche a avoué à son épouse sa participation au vol de Zaventem en votre compagnie!
- Quelqu'un ne dit pas la vérité, puisque je n'étais plus en Belgique à cette époque.
- Et l'or?
- Mes parents m'avaient offert trois pièces.

## Guerre des polices, BSR, CCC...

L'interrogatoire de l'accusé se poursuit, mais peut-on attendre quelque chose de pareil exercice dans ce procès?
- Et vos dépenses? Une maison à Londres en 1985 payée au comptant...
-J'avais mis des sous de côté tant je gagnais bien ma vie aux États-Unis. Et puis, mes parents m'ont aidé.
- Et l'achat d'un bateau de 3 millions de francs (*75 000 euros*) ?
- Je l'ai acheté avec les revenus de la maison que j'avais revendue pour 4,5 millions (*112 500 euros*)
- Pensez-vous avoir été utilisé ou manipulé par Monsieur Bouhouche?
- Bouhouche était un gendarme, donc quelqu'un d'honorable à mes yeux. Puis, il a repris une agence de détectives privés. Je lui ai rendu un petit service et je me suis laissé faire.
- Quelle était votre motivation à acheter des montres à Monsieur Bouhouche?
- Ma mère et moi avons toujours aimé les bijoux.

Les témoins affluent et c'est Monsieur Hennart, juge d'instruction, qui vient à la barre après l'interrogatoire de l'accusé.

- Il existe un procès-verbal de mon entretien en Floride avec Buslik. À plusieurs reprises, il m'a dit : « Je ne souhaite pas parler, pour des motifs de sécurité. »
- Ce procès-verbal ne contient ni questions ni réponses, ce n'est rien d'autre qu'un rapport disant que vous avez rencontré Monsieur Buslik, explique Me Motte de Raedt.
- Nous en sommes à la paléontologie ! lance Me Chomé. Monsieur Buslik n'a jamais fait l'objet d'une inculpation dans « l'affaire Zwarts » et il n'a pas été inculpé dans l'affaire Mendez. Alors, pourquoi allez-vous l'interroger ?
- J'essayais de comprendre. Je concède que je n'ai pas essayé de savoir où Monsieur Buslik était au moment de l'« affaire Zwarts », mais il n'a jamais donné d'indication sur son séjour à l'étranger afin que l'on trace un trait sur ce dossier, malgré le fait que Graziella l'incluait de façon directe dans les faits.

Guido Bellemans, dit le Shérif (pour avoir traqué l'argent sale dans le milieu du football), explique aussi :

- Les preuves formelles n'étaient pas présentes dans cette affaire d'attentat à l'explosif.
-Pourquoi avez-vous confié l'enquête de cet attentat à la gendarmerie, qui en était pourtant la victime ?
- Je n'avais pas envie d'envenimer la guerre des polices !

Monsieur Renwart, commissaire,

- Il est certain que les personnes qui ont placé l'explosif dans la voiture de la BSR faisaient partie ou étaient des proches de la gendarmerie.
Monsieur Brinz, commissaire divisionnaire :

- Je n'ai trouvé aucun lien entre l'attentat contre la BSR et ceux perpétrés par les CCC, les Cellules Communistes

Combattantes. Quoi qu'il en soit, l'explosif utilisé à la BSR était industriel et non artisanal, comme il a été dit.

Monsieur Damseaux, membre de la Sûreté de l'État, reconnaît avoir donné à son ami Buslik un manuel militaire reprenant des techniques de sabotage et contenant un chapitre consacré aux explosifs improvisés.
Parallèlement, des vols d'explosifs dans des carrières s'opèrent et des pièces sont acheminées pour fabriquer la commande à distance de la bombe...

Diane, épouse de l'accusé depuis 1990 :

- Jean-François était mon instructeur de vol. Je le trouvais d'une grande moralité, doux, tranquille, et je suis tombée amoureuse de mon professeur... Les gens venaient de toute la planète pour recevoir son instruction.
- Que vous a-t-il dit de sa présence aux assises ?
- Avant notre mariage, il m'a dit qu'il avait eu des problèmes en Belgique, mais il croyait que tout cela était derrière lui. Il m'a aussi parlé d'un engin construit pour ouvrir la porte d'un garage et qu'il n'était pas au pays pour l'autre affaire (*le dossier Zwarts*).

**Des journalistes, indics...**

Se déclarant à l'étranger pour raison professionnelle, Madani Bouhouche n'est pas venu à la barre. En revanche, Robert Beijer était bien présent, ce qui a quadruplé la présence des journalistes !
- Je vis actuellement en Thaïlande, mais je suis domicilié en Belgique pour les nécessités de ma mise en libération conditionnelle. Cela dit, je nie toujours les faits pour les-

quels j'ai été condamné.
- À quel moment avez-vous connu Monsieur Buslik?
- Je le connaissais à travers Bouhouche, qui était son ami. Que l'on soit bien clair: je n'ai jamais participé à cette affaire...
- Et les montres?
- J'ai liquidé toutes ces montres issues de différents trafics. J'en ai donné, jeté...
- Ceci est contredit par Madame Bouhouche.
- Elle était mise sous pression par les enquêteurs et disait n'importe quoi.
- Bouhouche prétend que Busilk et vous étiez en repérage sur le tarmac de Zaventem.
- Il a peut-être fait cette déclaration pour s'attirer les faveurs des enquêteurs.
- Vous avez cependant dit: « J'ai ma petite idée et je vais en parler plus tard. »
- Cela avait peut-être un rapport avec les affaires du Brabant wallon. Chacun a sa petite idée sur ça.
- Et l'attentat à l'explosif?
- J'étais gendarme à l'époque et il y avait des conflits durant cette sale période de tension. Toutes les hypothèses sont donc possibles. Certains hommes étaient plus malins que leurs chefs!

Autre moment attendu, l'audition de Monsieur Damseaux, ancien membre de la Sûreté de l'État et ami de Buslik:
- Parce qu'il devait partir travailler en Afrique, je lui ai effectivement fourni des formules d'explosifs, mais il manquait un élément pour que ça explose! Par la suite, on a dit que j'étais le chef des tueurs du Brabant wallon. Toute cette histoire m'a valu un blâme. Deux articles de presse

y ont été consacrés et étaient signés par des journalistes bien connus. Il s'est avéré qu'ils étaient indicateurs de la Sûreté...

**Embarras et irritation**

De cette première semaine de procès, il faut encore retenir trois déclarations qui campent le climat...

• Jean-François Buslik, accusé :

- J'avais effectué un vol pour le compte de...

Stupeur de ses avocats !

- ...il s'agissait du pilotage d'un avion, bien sûr !

• Monsieur Laffineur, président de la cour d'assises :

- L'absence de Monsieur Bouhouche est embarrassante au nom de la manifestation de la vérité, voire irritante.

• Monsieur Morlet, procureur général :

- L'absence de Monsieur Bouhouche me semble être une dérobade.

C'est donc dans une certaine confusion (et le terme est faible !) que se poursuit le procès.
Outre ce qui a déjà été décrit comme « lamentable fonctionnement » d'une partie de l'appareil judiciaire, épinglons encore des témoins devenus soudainement amnésiques, le gendarme V. convoqué, mais resté introuvable et, le comble, cette convocation lancée pour le mardi 16

octobre 2001 à 9h40 précises à l'adresse de Martial Lekeu, qui avait « chargé » Bouhouche et qui est mort en juin 1997 en Floride !

Ajoutons quc plus de la moitié des témoins prévus lors des deux dernières journées consacrées à ces formalités ne se sont pas déplacés ! Enfin, cerise sur le gâteau, l'avocat général, appelé à l'étranger pour raisons professionnelles, a dû être remplacé une journée entière et son réquisitoire a même dû être retardé.

Assurément, tout cela a fait désordre dans ce procès d'assises dont on peut encore retenir la déclaration marquante de Viviane, l'ex-épouse de Beijer :

- Les enquêteurs m'ont tout le temps menacée. Ils ont même mis un revolver sur ma tempe et dit qu'ils allaient « placer » mes enfants. À l'heure actuelle, je suis encore suivie par un psychologue à la suite de ces comportements...

Un dernier exemple, un seul, qui démontre encore la pagaille qui a régné au niveau des enquêtes, plus particulièrement celle ayant trait à l'attentat à l'explosif à la BSR :

- L'explosion a eu lieu vers minuit et je n'en ai été averti que le lendemain, explique Monsieur Devuyst, militaire et expert en déminage. Et quand je suis arrivé, des éléments de l'engin explosif avaient été « décomposés » et emportés à la gendarmerie !

Alors, face à cette saga indigne d'une véritable justice, l'avocat général, Pierre Morlet, a estimé en toute honnêteté devoir abandonner ses accusations.

Et Me Chomé de dénoncer :

- Toutes nos mises en garde concernant l'enquête se sont avérées exactes au fil des débats. C'est le dérapage total tant il y a eu d'énormes dysfonctionnements. Le jeu du jour a même été de débusquer les faux procès-verbaux dressés et signés par certains enquêteurs, dont une personne devenue patron de la police d'une grande ville wallonne. Après ça, la criminalité va certainement y diminuer... (*Sourire ironique de l'avocat et éclats de rire sur certains bancs*). (...)

**Le verdict**

Après seulement une heure de délibération, Jean-François Buslik est acquitté sur toute la ligne.

En, d'autres termes, il est passé de condamné à mort (par contumace) en 1995 à la liberté en 2001.

## AFFAIRE PANDY : ASSASSINATS, VIOLS ET INCESTES

Le 16 octobre 1997, le pasteur d'origine hongroise Andras Pandy, aujourd'hui (février 2002) âgé de 76 ans, fut interpellé puis arrêté par la police judiciaire bruxelloise.

Inculpé pour l'assassinat de six membres de sa famille, d'une tentative d'homicide volontaire sur l'un de ses enfants et de viols sur la plupart de ses filles, il nia tout en bloc avec fermeté.
Sa fille aînée, Agnès (44 ans), fut accusée de trois assassinats, de parricide sur sa mère et de tentative d'assassinat sur sa demi-sœur. Elle avoua les faits, mais dit avoir agi sous la contrainte de son père.

Agnès s'est portée partie civile contre celui-ci pour viols, attentats à la pudeur et assassinats. Mais, malgré d'intenses recherches dans plusieurs propriétés d'Andras Pandy (notamment à Molenbeek), les corps des malheureuses victimes n'ont jamais été retrouvés.

La cour d'assises de Bruxelles, présidée par Karel Demyttenaere, va tenter de décrypter les aveux d'Agnès face aux dénégations de son père.

Une centaine de journalistes et de reporters, venus également de l'étranger, sont attendus pour couvrir cet événement digne des affaires Landru et Petiot.

Pas moins de quatre-vingts cartons (des dizaines de milliers de pages) composent le « dossier Pandy ».

Le tout est résumé en une cinquantaine de feuillets dans l'acte d'accusation dressé par l'avocat général, Alain Winants *(voir, aussi, le Procès Rwanda)*. En voici une synthèse sous vingt-deux questions et réponses.

1. Qui est Andras Pandy ?

- Il est né en 1926 dans l'est de la Hongrie, non loin de l'Ukraine. Trente ans plus tard, en 1956, c'est l'insurrection nationale. Imre Nagy, Premier ministre, proclame la neutralité du pays et mène une politique de libéralisation face au stalinisme. Il sera exécuté après l'échec de son mouvement et l'écrasement de la révolution par les troupes soviétiques.

Andras Pandy, lui, fuit clandestinement la Hongrie alors qu'il est l'assistant d'un pasteur. Il trouve refuge à Bâle (Suisse). Dans son pays d'accueil, il poursuit ses études de théologie et épouse Illona Sores, âgée de 27 ans.

2. Quand s'établit-il en Belgique ?

- À partir de 1959. Il s'occupe activement d'une communauté protestante hongroise. La même année, Agnès vient au monde. Le couple Andras-Illona aura encore deux autres enfants : Daniel, né en 1961, et Zoltan, né en 1966. Cependant, cette union prend fin en 1967.

En 1979, Andras Pandy vit un autre tournant important dans son existence : il épouse Édit Finter, née en 1942, de seize ans sa cadette.
C'est une femme divorcée et mère de trois enfants : Timéa (née en 1964), Tunde (née en 1971) et Andréa (née en

1972). De ce remariage naîtront Andras Jr (en 1980) et Reka (en 1981).

3. De quand datent les premiers soupçons à l'encontre du pasteur ?

- Depuis un certain temps, il entretient une relation prohibée avec Agnès, puis, en 1984, il tombe éperdument amoureux de sa belle-fille Timéa, alors âgée de 20 ans.

La même année, Mark vient au monde. L'enfant est le fruit de leur « commerce incestueux ». Dans les années qui suivent, et jusqu'en 1990, naissent des soupçons de disparitions.

L'un après l'autre, Illona, Daniel, Zoltan, Édit, Tunde et Andréa ne donnent plus signe de vie.

4. Est-il exact qu'Agnès a porté plainte plusieurs années avant qu'un dossier ait été réellement constitué ?

- Oui. En 1992, l'aînée des enfants témoigne auprès du parquet de Bruxelles et accuse : « Depuis une vingtaine d'années, je suis victime d'inceste de la part de mon père. Plusieurs membres de ma famille ont disparu. J'ai peur de devenir sa prochaine victime. »

Mais, un an plus tard, la plainte pour inceste est classée sans suite faute d'« éléments probants ». Néanmoins, les disparitions inquiètent les autorités judiciaires belges, qui sollicitent les instances hongroises.
En effet, depuis la chute du mur de Berlin, Andras Pandy retourne régulièrement en Hongrie. Pour quelle(s)

raison(s) ? L'enquête ne peut le déterminer et le « dossier Pandy » est classé dans les catacombes du parquet de Bruxelles.

5. Est-il vrai que, indirectement, l'« affaire Dutroux » va relancer celle-ci ?

- Oui. En 1996, à la suite de la découverte des corps de Julie et de Melissa, une quarantaine de dossiers poussiéreux remontent à la surface.
Le commissaire François Monsieur, chef de la section criminelle de la police judiciaire de Bruxelles, prend alors les choses en main.
Ainsi, il sollicite de nouveau la police hongroise. Celle-ci met bien vite au jour une sombre machination : « Andras Pandy a engagé de jeunes acteurs pour jouer le rôle de ses enfants disparus », révèle le policier à la « D.H. »

Convoqué à la P.J. de Bruxelles le 16 octobre 1997 avec Andras Jr, le pasteur est interpellé, puis placé sous mandat d'arrêt le lendemain.
Un mois plus tard, Agnès subit le même sort : elle aurait été la complice de son père !

« Pour ma part », explique le commissaire, « Andras Pandy a tué six membres de sa famille. Son mobile, c'est la honte des incestes et le fait que ça pourrait se savoir dans la communauté protestante dont il est le pasteur aimé et respectable. C'est un type dégoûtant ! »

6. Sur quelles bases la justice arrête-t-elle le père et sa fille aînée ?
- C'est également le commissaire Monsieur qui prend en charge Agnès. Après avoir menti, elle réalise qu'elle a eu

beaucoup de chance de ne pas avoir été massacrée comme d'autres membres de son entourage familial.
Au bout de plusieurs heures d'interrogatoire, elle avoue l'horreur au policier et explique comment son père a procédé pour découper les seins et les cuisses de ses deux femmes et des ses filles.

Elle avoue aussi qu'il a fait disparaître les corps dans du Cleanest, un déboucheur hyperpuissant retiré du marché depuis lors.

7. Que sait-on de ce produit ?

- Le juge Bulthé réussit à faire reconstituer sa composition. Il obtient le droit de tenter une expérience sur un corps légué à la science. Le résultat est stupéfiant : la chair et les organes disparaissent complètement, ne laissant que les ossements.

8. Que sont devenus ces ossements ?

- Ils auraient été déposés dans des sacs-poubelles et amenés aux abattoirs d'Anderlecht avant d'être acheminés vers la firme d'équarrissage Rendac à Denderleeuw, commune de Flandre-Orientale.

9. Une version contestée, depuis le premier jour, par le pasteur Pandy.

- Il est vrai que les corps n'ont jamais été retrouvés et que le pasteur se retranche derrière deux affirmations : que les « disparus » vivent ailleurs dans le monde et que sa fille Agnès raconte n'importe quoi.

« Je nie tout ce qui m'est reproché », répète-t-il depuis son arrestation. « Les aveux d'Agnès ? Elle souffre de graves problèmes mentaux ! »

10. Agnès est-elle aussi malade que le prétend son père ?

- Les experts-psychiatres l'ont reconnue totalement responsable de ses actes. Néanmoins, lors de reconstitutions, elle a craqué psychologiquement et physiquement.

11. Tiendra-t-elle le coup lors du procès, quand la pression médiatique et l'interrogatoire d'audience du président seront à leur comble ?

- Son avocat, Me Walter Muls, explique : « Tout dépendra de la tournure que prendra le procès. Elle essaiera de tenir le coup, car, pour elle, il représente le bout du tunnel. »

12. Me Diependaele, conseil d'Andras Pandy, évoque un flagrant manque de preuves à l'encontre de son client.

- Pour lui, le dossier repose uniquement sur les déclarations d'Agnès. Il n'y a eu effectivement aucun autre témoin, même pour de prétendus coups de feu mortels.

« De plus, les enquêteurs n'ont pas trouvé la moindre trace de sang dans les maisons habitées par les Pandy, alors que six personnes sont censées y avoir été assassinées et découpées. »

13. Quel crédit apporter aux déclarations d'Agnès sur les fameux bains d'acide qui auraient permis la destruction des corps ?

- Ici, aussi, Me Diependaele avance une explication qui vaut ce qu'elle vaut, et les débats devant la cour d'assises décideront de sa pertinence: «Alors qu'il est convenu que ce type d'opération provoque une chaleur de 80°, pourquoi ni Agnès ni Andras Pandy ne présentent-ils la moindre trace de brûlures?

14. Quels sont les propos tenus par la prénommée Anne-Rose, incarcérée dans la même cellule qu'Agnès à la prison de Berkendael (Forest), à qui la fille de Pandy se serait confessée? Depuis les États-Unis où elle réside, la jeune femme l'aurait même accablée de manière formelle lors d'une interview télévisée.

- Durant leur séjour commun qui a duré six mois, Agnès lui aurait confié: «Oui, j'ai tué. Un jour, «P» (*elle appelle son père de la sorte*) m'a donné une arme à feu pour tuer tout le monde. Je ne l'ai pas fait. Le lendemain, il est revenu avec un marteau. Je l'ai fait.» Les informations d'Anne-Rose, qui compte écrire un livre sur le sujet, ne sont cependant pas conformes au dossier.

15. Que dit Timéa, la belle-fille de Pandy, qui a accouché d'un enfant de lui, et où se trouve-t-elle?

- Elle aurait été victime d'une tentative d'assassinat par son beau-père et par Agnès, à Bruxelles. En 1985, après la naissance de son fils incestueux, elle s'est réfugiée au Canada. Les enquêteurs belges disposent de documents prouvant qu'Andras et Agnès Pandy se sont rendus dans ce pays pour tenter, à nouveau, de l'éliminer. Aujourd'hui, elle vit en Hongrie, à la frontière ukrainienne. Elle s'est mariée, a trois autres enfants et refuse jusqu'ici de revenir en Belgique pour témoigner au procès.

16. Pourtant, n'a-t-elle pas fait des déclarations majeures reprises dans le dossier ?

- Plusieurs commissions rogatoires ont été envoyées au Canada et en Hongrie. Timéa a confirmé avoir été violée par son beau-père, et avoir un enfant (Mark) de lui.

17. Dans ce tragique, délicat et volumineux dossier, est-il exact qu'on assiste à une véritable guerre des nerfs entre enquêteurs, avocats, magistrats et accusés ?

- Le moins qu'on puisse écrire, c'est qu'ils n'ont pas toujours échangé des civilités. Ainsi, le principal grief de Me Diependaele à l'encontre de la justice est la longueur de la détention préventive (*depuis octobre 1997, soit quatre ans et quatre mois*) de son client. Une action devant la Cour européenne des Droits de l'homme à Strasbourg contre l'État belge a même été envisagée : « Le dossier représente quatre-vingts cartons et je n'ai eu que quelques mois pour préparer la défense, puisque je n'avais pas encore accès au dossier. Les médias ont même été prévenus avant moi de la date officielle du début du procès ! »

18. Cette lenteur ne s'explique-t-elle pas par le rôle tenu, tant francophone que néerlandophone, par l'avocat général, Alain Winants, au sein de la magistrature bruxelloise ?

- Alain Winants a effectivement dû d'abord gérer les procédures, dossiers et procès « Rwanda » et « Amants diaboliques » avant de s'atteler à l'« affaire Pandy ».

19. Ceci n'a-t-il pas, quand même, donné l'occasion à Me Diependaele d'exprimer son courroux ?

- Le défenseur du pasteur s'est même emporté : « Je me demande si l'on ne voulait pas faire de mon client le premier cas de détention préventive à vie ! Pourtant, les experts-psychiatres qui l'ont examiné estiment qu'il ne présente absolument aucun risque de récidive. Et puis, n'a-t-on pas voulu laisser traîner les choses parce que la justice se rend compte qu'elle ne dispose pas de vraies preuves ? »

20. Intox d'avant-procès ou réaction crédible, quand Me Diependaele interpelle les futurs jurés ?

- À chacun son point de vue face aux déclarations des avocats. Il n'empêche, Me Diependaele a fait fort quand il a déclaré : « J'ai toujours désiré un procès dans un délai raisonnable, car je ne voudrais pas que l'on me reproche de jouer la carte Pinochet en présentant un « vieillard sénile » devant le jury. Andras Pandy a presque 76 ans, il ne voit plus très bien et il perd ses dents. J'espère que les jurés ne seront pas convaincus à l'avance de sa culpabilité. »

21. Et puis, n'y a-t-il pas, aussi, divers propos tenus par le juge d'instruction, Bruno Bulthé, qui pourraient faire bondir la défense ?

- Le juge a déclaré, lors d'une comparution d'Andras Pandy : « Puisqu'Andras Pandy aime tant se comparer à Alfred Dreyfus (*qui, en 1894, a été la victime d'une célèbre erreur judiciaire*), je lui suggère de choisir d'autres personnages historiques : Landru (*accusé de onze assassinats, qu'il nia jusqu'à la guillotine*) et le docteur Petiot (*condamné et guillotiné pour vingt-trois assassinats, alors qu'il en revendiquait soixante-trois*), par exemple !

22. Ce climat tendu a donné lieu à des répliques virulentes. Ne risquent-elles pas de peser lourd dans le procès?

- Me Diependaele s'est logiquement offusqué des propos du juge: « Toute personne est présumée innocente tant qu'elle n'a pas été jugée et condamnée! » Mais le magistrat n'en démord pas: « Je m'attache aux mensonges d'Andras Pandy. Ainsi, il a toujours prétendu ne pas disposer d'armes, alors qu'on a retrouvé chez lui tout un arsenal ainsi qu'un agenda dans lequel il était écrit « Achat carab... »

Pour nous, ça veut dire « carabine » et non « carabistouilles »!

**En résumé**

Ont disparu:

1. Illona Soras, née en 1929, première épouse d'Andras Pandy.
2. Édit Finter, née en 1942, seconde épouse d'Andras Pandy.
3. Daniel, né en 1961, fils d'Andras et d'Illona.
4. Zoltan, né en 1966, fils d'Andras et d'Illona.
5. Tunde, née en 1971, fille d'Édit.
6. Andréa, née en 1972, fille d'Édit.

En vie:

1. Agnès, née en 1958, fille d'Andras et d'Illona.
2. Timéa, née en 1964, fille d'Édit.
3. Andras Jr, né en 1980, fils d'Andras et d'Édit.
4. Reka, née en 1981, fille d'Andras et d'Édit.
5. Mark, né en 1984, fils d'Andras et de Timéa.

## Léthargie coupable de la Justice

François Monsieur, commissaire divisionnaire à la retraite, ne mâche pas ses mots face à la léthargie coupable dont aurait fait preuve la Justice dans le « dossier Pandy ».

Une attitude de nonchalance extrême, alors qu'Agnès Pandy avait déjà évoqué des faits hautement répréhensibles.

- Les magistrats ont mis un siècle avant de bouger ! dénonce-t-il. Je ne suis pas certain qu'il y aurait eu une « affaire Pandy » sans l'« affaire Dutroux ». C'est la peur de passer à côté de six meurtres qui a forcé une substitute à enfin s'activer dans un dossier qui faisait déjà soixante-quinze centimètres de haut.

(...) J'ai passé plusieurs samedis et dimanches d'été à étaler les procès-verbaux dans mon jardin et à les ranger dans l'ordre. C'est la preuve que la substitute n'avait pas lu l'ensemble !

Le ton est ainsi donné sur ce qui attend, durant plusieurs semaines, les douze jurés populaires, la Cour, les avocats, les journalistes, le public...

Des débats sur lesquels planeront les ombres de six disparus jamais retrouvés, où la tension sera vive dans le box entre une fille et son père, qu'elle charge de manière précise, entre les avocats de la défense, divisés par la force des choses sur la « vérité judiciaire », ainsi que sur le décompte exact des victimes par rapport aux aveux d'Agnès...
Les récentes déclarations des deux accusés ont encore jeté un peu plus d'huile sur le feu.

Celles d'Andras Pandy, notamment, sont surprenantes:

- Ma fille Agnès est folle et a subi un lavage de cerveau depuis qu'elle a intégré une secte! Quant à Timéa, elle a pu tomber enceinte en se frottant à un essuie taché de sperme...

Propos qui font même dire à son avocat:

- Le sourire pincé permanent de mon client et certaines de ses déclarations bizarres ne jouent pas toujours en sa faveur.

Quant à Agnès Pandy, qui, rappelons-le, se porte partie civile contre son père, elle veut jouer la carte de la confiance:

- Je n'attends qu'une chose: m'expliquer devant le jury populaire. Le jour où je recouvrerai la liberté, ce sera pour refaire ma vie dans l'anonymat!

**Un bon papy...**

Le procès Pandy a commencé avec, en toile de fond: six membres d'une même famille, parfois recomposée, qui ont disparu, aucun corps n'a été retrouvé, les restes auraient été dissous par un puissant acide, l'accusation cite encore de multiples relations incestueuses, des viols, une tentative de meurtre, des menaces...

Dans le box, un père et sa fille aînée se retrouvent côte à côte. Ils ont des «comptes à régler» devant les douze membres du jury, composé de huit femmes et de quatre hommes, un homme le présidant.

La formation du jury n'a pas été aisée. Au-delà de multiples absences (parfois justifiées) de jurés potentiels, d'aucuns se sont désistés sur place ou ont été récusés par la défense ou l'avocat général.

À voir entrer dans le box Andras Pandy, on pense plutôt à un bon papy, sorte de patriarche veillant avec soin et délicate attention sur sa famille, plutôt qu'à un supposé serial killer.

Quand on regarde Agnès Pandy, on la trouve, disons, comme « absente » d'esprit. Son avocat, Me Muls, explique :

- Agnès a très peur, malgré le soulagement de pouvoir bientôt s'expliquer sur toute cette affaire. À vrai dire, elle vit un pénible micmac (*sic*) d'émotions !
- Est-ce la raison pour laquelle elle a refusé de se laisser filmer et photographier ?
- Elle trouve que la cour d'assises n'est pas un milieu naturel et elle tente de protéger un peu sa vie privée.

Andras Pandy, lui, s'est laissé « mitrailler » par les nombreux reporters et il avait même l'air détendu.

Son conseil, Me Diependaele, explique cette attitude :

- Mon client a l'esprit très combatif et il n'est pas du tout gêné de se retrouver à côté de sa fille dans le box, puisqu'il nie tout ce qui lui est reproché. Il va donc de soi que je vais plaider son acquittement !

Sous les yeux des deux accusés, mais, aussi, de la Cour, du jury, des avocats et du public (très imposant!), les pièces à conviction sont présentées de manière bien visible.

Deux grandes poubelles (qui auraient servi à transporter des restes humains?), trois carabines (pour abattre l'une ou l'autre victime, selon Agnès Pandy), des dizaines de bidons – dont certains encore remplis! – de Cleanest, l'acide superpuissant qui aurait, toujours selon la fille aînée d'Andras Pandy, servi à dissoudre les « disparus »...

Dans le box, Andras Pandy ne cesse de cligner des yeux, alors qu'Agnès semble, effectivement, tétanisée.

L'un et l'autre déclinent leur identité sur un ton neutre. Si quelques dizaines de centimètres seulement les séparent, les aveux d'Agnès ont creusé un fossé immense entre eux.

À l'instar des premières escarmouches entre les avocats de l'un et de l'autre, leurs thèses sont diamétralement opposées.

Et, en ce début de procès, Andras Pandy et son avocat tirent à boulets rouges sur la manière dont les enquêteurs ont mené leur travail et la médiatisation extrême de l'affaire.

Réaction immédiate de Monsieur Winants, l'avocat général:

- On sait que c'est devenu une habitude de critiquer la médiatisation d'un procès... sauf, bien sûr, quand cela fait l'affaire de l'une ou l'autre partie!

La Cour, elle, tranche dans cette problématique, ce premier « incident » :

- Il n'y a aucune raison de croire que le jury ne peut pas faire abstraction des articles de presse et des reportages. Poursuivons donc nos travaux !

Tous les regards se portent, alors, vers les prochains jours : interrogatoires des deux accusés, dépositions de « rescapés » potentiels...
À ce propos, je recueille l'avis de Me Van Weyenberge, avocate d'Andras Jr et de Reka :

- Ces enfants sont, aujourd'hui, âgés de 21 ans pour Andras Jr et de 20 ans pour Reka. Ils vivent difficilement ce procès. Ils sont même bouleversés, car ils entendent tout ce que l'on dit sur leur père.
Ils veulent qu'on les respecte en tant que victimes et ils n'ont plus la moindre relation avec lui...

## Voyage au bout de l'horreur

Le voyage au bout de l'horreur se poursuit de jour en jour. Sous les yeux de l'assemblée massée à la cour d'assises de Bruxelles, les diapositives de la maison familiale des Pandy défilent. La cave et le garage font penser à la caverne d'Ali Baba, sauf que les coffres remplis d'or et de bijoux sont remplacés par un bric-à-brac incroyable : vélo, sacs en plastique, vieille cuisinière, armoires cassées, bombonne de gaz, seaux...

Les murs délabrés évoquent un taudis, alors qu'à l'étage – contraste saisissant -, le living est parfaitement entretenu et la bibliothèque regorge de livres et de classeurs bien rangés.

Les plans des lieux et des diapositives montrant l'extérieur, dont le jardin qui ressemble également à une décharge, et l'intérieur de la maison sont commentés par les enquêteurs, principalement par le juge Bulthé et le commissaire de la Police Judiciaire, François Monsieur.

Soudain, tout bascule dans l'horreur la plus complète avec les gestes d'Agnès répétant le dépeçage, puis l'élimination dans les bains remplis de Cleanest d'Illona, Édit, Daniel, Zoltan, Tunde et Andréa, représentés par des mannequins de chiffon et de plastique.

Les chairs réduites à l'état de bouillie visqueuse auraient été jetées dans un caniveau proche de la maison, alors que les os auraient été acheminés vers les abattoirs d'Anderlecht, plus spécialement vers le clos d'équarrissage.

Après ce sinistre scénario, Agnès Pandy éponge les lieux, ce qui fait dire au juge Bulthé :
- Elle fait le grand nettoyage !
À ce moment-là, beaucoup de gens comprennent que celle qui ne cesse de clamer qu'elle a tué et dépecé ses proches sous la contrainte de son père aurait vraiment œuvré aux côtés de ce dernier de manière efficace.

François Monsieur n'en démord pas :

- Agnès Pandy a avoué à petites doses, ne l'oublions pas.

Elle a même tenté de minimiser son rôle, et c'est après de longs interrogatoires qu'elle a reconnu avoir participé au massacre des membres de la famille.

Dans le box, l'accusée craque en voyant les diapositives et en entendant les commentaires des enquêteurs. Des remords? Peur d'avoir été complètement débusquée dans son rôle d'éventuelle complice (c'est le jury qui en décidera!) alors qu'elle implore la clémence en tant que victime de son père tyrannique?

N'a-t-elle pas déclaré:

- Je ne veux pas être davantage punie. Je vois même un avenir...

Andras Pandy, lui, ne se soucie pas du tout des larmoiements de sa fille, à qui il veut même bien donner un baiser en guise de pardon, pour ses propos de « malade mentale » à son égard...

L'homme a réponse à tout. Jugez-en:

- Pourquoi tous ces flacons de Cleanest retrouvés dans votre maison?
- Il faut pouvoir déboucher les toilettes lorsque l'on a de nombreux enfants.
- Où sont les disparus, selon vous?
- Cinq d'entre eux sont toujours vivants et travaillent dans une société internationale. Seule Illona est morte.
- Pourquoi les cinq disparus n'ont-ils pas repris contact avec vous?
- C'est leur affaire, pas la mienne. Mais je reste néanmoins en contact avec eux.

- De quelle manière ?
- Via les anges ! Je suis relié avec eux...
- Que répondez-vous aux accusations d'inceste ?
- Tout ça est faux. Je n'ai eu de relations sexuelles qu'avec mes deux épouses.
- Pourtant, des analyses ADN prouvent que Mark, l'enfant de votre belle-fille Timéa, est votre fils !
- C'est une expertise unilatérale de la justice. Et puis, n'est-il pas possible de réaliser des inséminations artificielles à partir de la banque de sperme ?
- Si vous contestez ces analyses ADN, pourquoi n'avez-vous pas réclamé une contre-expertise ?
- C'est inutile puisque c'est faux ! C'est la vérité qui va me libérer ! Je prouverai qu'ils sont vivants quand je serai libre !

Ma remarque, à l'époque : « Exit, donc, la thèse du drap de bain taché de sperme avec lequel se serait essuyée Timéa, tombée de la sorte enceinte !
Exit, aussi, l'autre thèse selon laquelle elle avait récupéré le sperme dans un préservatif et se l'était injecté ! »
Mais, poursuivons l'interrogatoire d'Andras Pandy :
- D'après le dossier, vous possédez trois maisons à Bruxelles et...
- En Belgique, on lit de gauche à droite. Nous ne sommes pas chez les Arabes, Monsieur le Président. Ainsi, je ne possède qu'une maison ; les deux autres appartenaient à une association (ASBL).

En d'autres termes : « Lisez convenablement ! »

- Revenons aux disparus. Il est étrange que ceux-ci ne se manifestent pas pour vous disculper, puisque, selon vous, vous êtes innocent...

- Ce n'est pas à moi de prouver qu'ils sont encore en vie, mais à l'avocat général de démontrer qu'ils sont morts! Dans l'affaire des « tueries du Brabant », les assassins ont disparu. Dans l'affaire Pandy, ce sont les cadavres...

**Des restes humains et un grand mystère**

À ce propos, les enquêteurs ont retrouvé, sous des dalles de béton coulées dans l'immeuble du pasteur, des restes humains appartenant à six ou huit personnes différentes. Mais, ils ne font pas partie de la famille Pandy, comme les policiers l'expliquent :

- Il ne s'agit pas de reliques anciennes (*sic*), le béton ayant été coulé – vraisemblablement par le pasteur – en 1987, comme l'attestent un emballage de chocolat daté et des lettres de l'Église protestante enfouis dans l'agglomération.

Hélas!, ces restes humains représentent encore un grand mystère, dans la mesure où ces faits-là ne sont pas joints au dossier actuel et ne peuvent donc être abordés durant les audiences.

- Ce qui, visiblement, arrange bien Andras Pandy, confia un observateur, faisant fi de la présomption d'innocence!

**Dur d'oreille**

Une journée a été nécessaire pour l'interrogatoire d'Andras Pandy par le président Demyttenaere. En voici quelques extraits *(également abondamment diffusés par d'autres or-*

*ganes de presse venus en masse à ce procès exceptionnel)* et d'autres moments « forts » de ces semaines placées sous le signe du cauchemar, de l'épouvante et de la terreur :

• Andras Pandy :

- Monsieur le Président, n'hésitez pas à parler fort, j'ai bientôt 75 ans et je suis un peu dur d'oreille... Ma santé est déclinante.

- La plupart des témoins profèrent des mensonges, alors que ma fille est psychologiquement dérangée.

- L'appareil judiciaire est monstrueux, mais je fais confiance au jury populaire.

Dialogue (?) entre le président et l'accusé :

- De quelle façon la Bible envisage-t-elle les relations sexuelles, selon vous ?
- De quelle manière ?
- Oui, Monsieur Pandy !
- De la même manière que vous et moi, Monsieur le Président. Vous devez le savoir...
- Non, je ne le sais pas.
- Vous devez certainement le savoir, sinon pourquoi êtes-vous le président de la Cour ? (*Rires dans la salle.*)
(...) Ce procès à mon égard est un procès en sorcellerie !

• Agnès Pandy, elle, appelle son père de trois manières différentes : « Pandy », « Andras Pandy » ou « P ».

- Je me sentais liée physiquement, psychologiquement et

financièrement à lui. Je voudrais que l'on me croie quand je dis que je n'ai pas voulu faire tout ça!

• Professeur de Saeger, architecte-ingénieur:

- Les armes n'avaient pas été trouvées lors des premières perquisitions. À dire vrai, elles étaient cachées dans des espaces dissimulés sous un faux plafond.

- Dans l'une des habitations du pasteur, celui-ci disposait d'une sorte de «poste de guet» situé à un étage. Ainsi, il pouvait observer toute sa demeure.

- Les trois immeubles possédaient des faux plafonds et des cachettes difficiles d'accès.

**«Show» et acteur professionnel**

Voici ce que j'ai commenté à la mi-mars 2002, alors que le procès touchait à sa fin:
«Andras Pandy a toujours nié les faits. Mieux: tentant de retourner la situation à son avantage, il s'est autorisé à «cuisiner» divers enquêteurs et magistrats sur certains manques ou erreurs dans l'enquête, selon lui.
Élément important: si aucun corps n'a été retrouvé, la principale survivante du massacre, Timéa, n'a pas (*encore?*) osé venir témoigner à la barre. Une absence regrettable, mais compréhensible, la peur et les menaces étant toujours très palpables.

Dans ce contexte, quel crédit faut-il donner à Agnès, qui se présente comme la victime de son père, alors qu'elle a participé de manière active et efficace à plusieurs assassinats? On a dit également qu'elle était très jalouse de la beauté de Timéa... »

Les dernières audiences avant le verdict ont surtout démontré l'extrême arrogance du principal accusé dans cette macabre affaire criminelle qui fera date dans les annales judiciaires.

Ainsi, aux psychiatres et psychologues qui le décrivent comme narcissique, psychopathe et doté d'une structure de patriarche dominant, Pandy dit tout de go :

- Avez-vous aussi analysé la structure mentale et psychologique des enquêteurs ?

Il en a été ainsi durant trois semaines. Trois semaines d'une sorte de « show » aussi lamentable qu'irritant et qui, certainement, va peser lourd dans la balance au moment où le jury populaire se retirera dans la salle de délibération.

« Rarement a-t-on vu un accusé prendre la parole aussi souvent et de manière inconsidérée. Maniant l'ironie, feignant la colère, ne cessant de clamer son innocence (ce qui est son droit, rappelons-le !), Andras Pandy a réussi une prestation digne d'un acteur professionnel ». Si la gravité des faits n'avait pas été aussi présente, elle aurait fait l'objet d'une série comique du style Benny Hill. Malheureusement, c'était de balles dans la tête et le dos, de dépeçage, de dissolution de cadavres, de morts atroces, d'incestes, de viols et de menaces d'exécution qu'il s'agissait depuis trois semaines », ai-je encore écrit quelques heures avant le verdict.

## Le verdict

Derrière ses lunettes légèrement teintées, des mèches grisonnantes tombant sur un front ridé, s'appuyant des deux mains sur la barre, le corps en avant, le pasteur belgo-hongrois (il a la double nationalité), martèle encore quelques mots, un petit sourire narquois au coin des lèvres :

- Si j'étais en liberté, les membres de ma famille (*les six disparus, je présume*) viendraient me rendre visite.

Auparavant, il avait promis aux magistrats et aux avocats de sa fille Agnès un autre type de visite :

- Des fantômes vont venir vous punir !

Quelque six heures de délibérations sont nécessaires aux jurés, et puis le verdict sur la peine est prononcé par le président du jury :

- Andras Pandy est reconnu coupable d'assassinats de ses deux femmes, de deux de ses fils et de deux de ses filles adoptives, de tentative d'assassinat, de viols et d'incestes. Agnès Pandy est reconnue coupable d'assassinats de cinq des six membres de sa famille et de tentative d'assassinat.

Avant qu'une deuxième délibération ne soit entamée, celle sur la peine à infliger aux deux condamnés, Andras Pandy prend la parole, au contraire de sa fille :

- Andras coupable ou non coupable, le parquet avait déjà condamné Pandy ! Le faux a triomphé sur le vrai. Maintenant que je suis condamné, la justice aura plus de temps pour rechercher les tueurs du Brabant. Aujourd'hui débute la deuxième phase du procès Pandy, et pas seulement de manière officielle...

L'avocat général avait réclamé la perpétuité pour Andras Pandy et de vingt-cinq à vingt-neuf ans pour sa fille.

Au final il ressort, selon une chronologie particulièrement difficile à établir, que la grossesse de Timéa, violée par Andras Pandy, aurait été à l'origine du carnage. Sur ordre de son père, Agnès Pandy aurait tenté de la tuer le 23 juin 1985 d'un coup de rail sur la tête. Alors, Timéa aurait pris la fuite avec son enfant.

Édit, la mère de Timéa et seconde épouse du pasteur, et sa fille Andrea prirent le parti de Timéa. Elles auraient été tuées à coups de marteau par Andras Pandy, le 31 juillet 1986. Les corps auraient été découpés, dissous... par Agnès et son père.

Le 20 mars 1988, Agnès Pandy aurait tué d'une arme à feu sa mère, Illoa, et son frère Daniel. Évacuation des corps selon le même scénario que pour les deux premiers.

Le 4 avril, Zoltan, qui s'inquiétait des disparitions de sa mère et de son frère, aurait subi le même sort qu'eux ! Il aurait été éliminé par Andras Pandy.

Fin juin 1989, il aurait également tué Tunde, alors qu'Agnès était au littoral.

Des « preuves » ? Il a été relevé :

• Timéa a confirmé la tentative d'assassinat et l'inceste dont elle avait été victime.
• L'expérience faite par les enquêteurs avec le Cleanest.
• Des journaux intimes d'Andras Pandy corroborent des récits d'Agnès.
• Des armes retrouvées alors que le pasteur niait en posséder.
• Des comédiens engagés par Andras Pandy pour jouer le rôle de disparus auprès de tiers et, de la sorte, faire croire qu'ils étaient en vie.

Les peines :

• Andras Pandy a été condamné à la réclusion à perpétuité.
• Agnès Pandy a été condamnée à vingt et un ans de prison.

**Libérés ou non ?**

Information de la RTBF datée du 15 juin 2010 :

« À l'inverse de ce qu'affirment certains confrères de la presse flamande *(« Gazet van Antwerpen » et « Belang van Limburg », repris par l'Agence Belga, 7SUR7.be...)*, le pasteur Andras Pandy (*83 ans*) ne quittera pas sa cellule de Louvain pour une maison de repos. Sa fille, Agnès, a quant à elle trouvé refuge dans un couvent (à Bruges, sous surveillance électronique). »

Information du « Soir » datée du 29 janvier 2013 :

« La destruction des maisons d'Andras Pandy débute ce 29 janvier 2013. (...)

Andras et Agnès : que deviennent-ils ? Âgé aujourd'hui de 85 ans, Andras Pandy est emprisonné depuis 1997. Depuis 2007, il est dans les conditions légales pour demander une libération conditionnelle. Il s'y est essayé à plusieurs reprises, en vain. Après avoir séjourné longtemps à la prison de Louvain-Central, il se trouve aujourd'hui à Anvers.

Voici deux ans, une rumeur évoquait son transfert vers une maison de retraite, mais il n'en est rien.

Agnès, elle, a quitté la prison en 2010 après six demandes de libération conditionnelle et après avoir vaincu en détention un cancer du sein.
Elle vit aujourd'hui dans un couvent de la région brugeoise, sous surveillance électronique, et travaillerait comme bénévole dans une bibliothèque communale. »

# GENEVIÈVE SIMENON : MORT NATURELLE ET MEURTRE

Que s'est-il réellement passé le 27 juin 2000 dans la maison qu'occupait à Berchem-Sainte-Agathe le couple formé par Georges Temperman et Geneviève Simenon ?

Sans la sagacité de Freddy Hulsmans, employé des pompes funèbres et ex-policier, Geneviève Simenon (42 ans), mère de quatre enfants, rhumatologue appréciée (Internet fait état de louanges à son égard de la part de patients) et petite-nièce de l'écrivain Georges Simenon, aurait commis un « crime parfait », avec le concours – involontaire, selon lui – d'un médecin et ancien ami, sur la personne de son compagnon. Mais les dix-huit coups de maillet assénés au défunt ont été débusqués à temps. La « mort naturelle » s'est alors transformée en meurtre et a entraîné un procès en cour d'assises de Bruxelles.

Pour se défendre, Geneviève Simenon évoqua une emprise familiale et une enfance difficile (« J'ai manqué d'amour »), des conflits dans son couple, de fréquentes querelles entre Georges Temperman et ses trois filles nées d'un premier mariage...

Cependant, de multiples questions restaient en suspens avant que ne tombe le verdict judiciaire.

La genèse de la mort de Georges Temperman était-elle vraiment due à une dispute conjugale ou à une accumulation de frustrations ? S'agissait-il de légitime défense (il aurait voulu l'étrangler), d'un meurtre commis en état de démence passagère ou sous la contrainte d'une force irrésistible? Était-il question d'une sordide machination imaginée depuis un certain temps, d'où la préméditation?

Tous les ingrédients d'un « bon » polar à la Simenon auraient été réunis s'il ne s'était agi d'un drame réel, qui laisse les fils de la victime, Laurent (31 ans) et Stéphane (30 ans), et la petite fille (6 ans) du couple, orphelins de père.

Le 27 juin 2000, Geneviève Simenon se lève à l'aube, précise l'acte d'accusation. Après avoir conduit les enfants à l'arrêt du bus, elle se rend ensuite dans une clinique bruxelloise où elle exerce – à la satisfaction de tous – son métier de rhumatologue.

À plusieurs reprises, Georges Temperman (55 ans), agent immobilier, lui téléphone:
- Je ne me sens pas bien, j'ai besoin de toi. Peux-tu rentrer à la maison?

Vers 13 heures 45, toujours au téléphone, selon les déclarations de Geneviève Simenon reproduites dans ledit acte d'accusation rédigé par l'avocat général, René Marchal, elle essuie une volée d'injures de la part de son compagnon:

- Tu n'es qu'une bonne à rien!

Elle veut avoir la paix et se dit qu'une injection d'un produit calmant ne lui ferait pas de tort. Elle passe à la pharmacie de la clinique et commande différentes ampoules, avant de regagner le domicile à Berchem-Sainte-Agathe.

Là, elle dit soigner Georges, qu'elle appelait affectueusement Jojo, en lui faisant plusieurs injections.

À 16 heures, ce dernier se réveille et se remet à l'insulter.

- J'ai vu rouge ! J'ai été prendre un maillet et je l'ai frappé à plusieurs reprises.

Georges Temperman tente de se défendre. En vain. Il décède sur place.
Prise de panique, Geneviève Simenon veut fuir le domicile maudit, mais elle se ravise et efface les traces du drame (*du moins croyait-elle avoir effacé toutes les traces de sang : c'était sans compter avec celles laissées au plafond...*). Ensuite, elle retourne à son cabinet médical, avant d'aller rechercher ses enfants au bus en fin de journée.

Le lendemain, après avoir dormi aux côtés de l'une de ses filles, Geneviève appelle le docteur Marc N., chirurgien et associé dans la même société médicale qu'elle, et lui fait part de la mort de Georges d'une « crise cardiaque ».

L'homme arrive sur les lieux et refuse de lui délivrer un certificat de décès.

Alors, elle contacte Édouard A., un autre médecin, mais aussi un ancien amant, qui, lui, atteste officiellement de la « mort naturelle ».
Plus tard, Édouard A. déclarera devant les enquêteurs et l'Ordre des médecins :
- J'ai été abusé par Geneviève, qui avait caché le visage de la victime avec le drap.

**Des détails troublants**

L'incinération de la dépouille mortelle est donc prévue, mais l'attention de l'employé des pompes funèbres Freddy Hulsmans est attirée par l'un de ses collaborateurs, qui détecte certains « détails » troublants. Notamment des blessures à la tête et une oreille quasiment arrachée. Hulsmans avise la police de Berchem-Sainte-Agathe de ce qui l'intrigue. Le « crime parfait » est déjoué in extremis et l'appareil judiciaire se met aussitôt en branle.

Ainsi, un praticien de la commune du nord de Bruxelles remarque aussi de multiples blessures et des traces de piqûres sur le corps du défunt, ce qui est confirmé par le médecin légiste appelé sur place. Il n'est donc plus question d'un « infarctus massif avec insuffisance coronaire » et encore moins d'une incinération « dans des délais rapides », comme le souhaitait Geneviève Simenon quelques heures auparavant.

Parallèlement, des traces de sang au plafond, juste au-dessus du lit du couple, sont relevées par les enquêteurs, et Geneviève Simenon est alors considérée comme suspecte de ce qui s'apparente à un meurtre.

Un vrai roman à la Simenon, d'autant que certains n'ont pas hésité à faire le rapprochement avec le célèbre livre « Lettre à mon juge » de son grand-oncle, dans lequel il est question d'un médecin qui a tué sa maîtresse...

Entendue par les policiers, Geneviève Simenon s'explique :

- Georges a eu un malaise et est tombé lourdement, mais

la cause de sa mort est peut-être «autre». Ainsi, quand je suis rentrée le soir, la porte du garage et celle du jardin étaient ouvertes...

Dubitatifs – et pour cause ! -, les enquêteurs la laissent mijoter dans ses méditations au poste de police durant toute la nuit. Au petit matin, elle passe aux aveux :

- Cela fait six ans que je vis avec Georges. Il profitait de moi sur le plan financier, me maltraitait et ne s'entendait pas avec mes trois filles. Il les insultait de manière régulière et les frappait. Le jour du drame, nous nous sommes disputés et il m'a demandé de chasser ma fille aînée du domicile. J'ai, effectivement, tenté de camoufler son décès en mort naturelle...

Geneviève Simenon répondait donc de meurtre devant la cour d'assises de Bruxelles, présidée par Luc Maes, alors que la thèse de l'assassinat (meurtre avec préméditation) pouvait surgir durant les débats... et alourdir sa peine en cas de culpabilité reconnue par le jury populaire.

### Manque d'amour

De longs cheveux tombant sur un tailleur à petits carreaux, un foulard noué autour du cou, le corps secoué par des sanglots, Geneviève Simenon s'explique devant ses juges (six hommes et six femmes), la Cour, les avocats et de nombreux journalistes :

- Dans mon enfance, j'ai toujours manqué d'amour. C'est comme si j'avais été programmée. On ne parlait pas beaucoup chez les Simenon et on ne me disait jamais que je

faisais bien, même lorsque je montrais un bulletin dont la majorité des notes étaient des 9/10.
Mon père était écrasé par ma mère. Parfois, elle le frappait. Il se confiait à moi sur ses déboires, sa tristesse, son alcoolisme...
- Et Georges Temperman ?
- Il était beau, fort, séduisant, charmeur. Il était comme le père que j'aurais voulu avoir... Mais cela a été l'enfer à cause de sa mésentente avec mes filles. Et puis, il était tout le temps à la maison et je devais tout assumer.
- Et les faits ?
- Je l'ai déjà répété dix mille fois, je ne comprends pas comment cela s'est passé ! Comment ai-je pu passer à l'acte ? Jamais je n'avais été agressive avec qui que ce soit. Même lors de disputes avec Jojo, je n'étais jamais sortie de mes gonds. Lors du drame, il m'a traitée de mocheté et de grosse comme ma mère, de fille de nazie (*voir ci-après*). J'étais hors de moi ! Il a voulu m'étrangler et je suis tombée sur une caisse à outils. J'ai saisi un maillet et je l'ai frappé.
- Tiens ! Aux enquêteurs, vous avez dit avoir volontairement frappé votre compagnon, et maintenant, vous laissez entendre que vous vous défendiez face à sa tentative d'étranglement !
- Je ne voulais pas porter les coups... Je me sens coupable d'avoir mis fin à la vie de Jojo, envers mon entourage et les enfants.

## Georges Simenon collaborateur ?

Pour justifier son enfance malheureuse, Geneviève Simenon a évoqué un « lourd secret de famille » :

- Mon grand-père paternel, Christian Simenon, était actif dans le mouvement rexiste (*il était impliqué dans la terrible « nuit de Courcelles », durant laquelle une vingtaine de civils ont été exécutés par les rexistes en représailles à l'assassinat du bourgmestre « collabo » de Charleroi*; il a été condamné à la peine de mort – avec *soixante-dix autres personnes – par le Conseil de Guerre*) avec son frère Georges.

À la Libération, mon grand-père allait être jugé, mais il a préféré s'engager dans la Légion étrangère. Il est d'ailleurs mort en Indochine en 1947.

Et puis, de 8 à 13 ans, mon père était membre des Jeunesses hitlériennes. C'est mon grand-oncle, l'écrivain Georges Simenon, qui les a influencés depuis la France, où il résidait. Il était d'ailleurs resté dans la collaboration. J'ai des documents familiaux qui le prouvent et je peux vous les remettre !

Le président Maes est passé à un autre sujet. Mais, on le pense bien, pareille déclaration n'est pas restée sans suite et des spécialistes ont réagi face à ce brûlot.

Voici ce que, à l'époque (juin 2002), j'ai écrit à ce sujet en marge de la relation du procès :

« Ainsi, Pierre Assouline, directeur du magazine littéraire « Lire » et biographe de Georges Simenon, signale qu'en quittant la Belgique pour la Vendée (France), ce dernier a pris ses distances avec le monde politique et n'a rien à voir avec les rexistes chers à Degrelle.

Quant à Jacques Dubois, professeur à l'Université de Liège et grand exégète de l'œuvre de l'écrivain de la Cité ardente, s'il admet que Simenon ne s'est jamais engagé pendant la guerre, en revanche, il affirme qu'il s'est montré assez opportuniste durant l'Occupation, en continuant à vendre son œuvre littéraire et cinématographique à la société française Continental... financée par les Allemands.

Mais, que penser aussi de l'auteur de Maigret, né en 1903, qui a publié plusieurs articles antisémites vers ses 18 ans, puis des contes dans des publications liées à la collaboration, enfin, quand, au début de la Seconde Guerre mondiale, il a reçu en France un reporter du journal rexiste « Legia » et lui a accordé une interview ?

À la Libération, Georges Simenon a dû rendre des comptes à la Résistance et à la Commission d'épuration face à ces situations.

Des situations ambigües, dans la mesure où l'on ne trouve pas la moindre trace d'idéologie nazie ou fasciste dans ses œuvres et qu'il n'a pas tenu des propos politiques à « Legia ». Il a d'ailleurs bénéficié d'un non-lieu.

En refusant les documents proposés par Geneviève Simenon, le président Maes est peut-être passé à côté d'une belle occasion d'éclairer davantage un pan de l'Histoire. À moins que le magistrat n'ait senti poindre une sorte de vengeance de l'accusée à l'égard de Georges Simenon lorsqu'elle déclara :

- Quand j'ai été à Lausanne (*lieu de résidence de l'écrivain*) à la naissance de ma fille aînée, Georges Simenon a refusé de nous voir parce qu'on était la branche maudite de la famille. Mais lui aussi était dans la collaboration en France... »

**Un chouette type !**

Les deux premiers témoins à se présenter à la barre sont Laurent et Stéphane, les fils de la victime.

- Nous avions bien accueilli la relation de notre père avec Geneviève, mais au fil du temps, la situation au sein du couple a dégénéré.

Laurent explique encore :
- Papa était un chouette type ! Quelques semaines avant son décès, il m'a dit qu'il espérait que mon frère et moi, on s'occuperait de la petite s'il devait lui arriver quelque chose. Je lui en ai fait la promesse formelle... (*La fillette a été confiée par le Tribunal de la Jeunesse à la mère de Geneviève Simenon*).

Stéphane, tout aussi ému, raconte à son tour :

- Mon père était un bon pote. Il était particulièrement déçu, car il ne voyait pas de solution aux problèmes de son couple. Je lui ai dit de faire des efforts pour la petite. Nous aimerions tant avoir sa garde...
Revenus dans la salle, ils suivent tout le procès au premier rang, côte à côte, sans perdre une minute des débats.

- Je suis ici pour comprendre. Après le procès, je ne vivrai plus en Belgique, car la mort de notre père est trop dure, explique Stéphane.

Dans le box, celle qu'ils appréciaient beaucoup en tant que belle-mère pleure sur ce « gâchis ».

Quelque quatre-vingt-dix experts, enquêteurs et témoins de moralité se suivent à la barre, au rythme soutenu de questions principalement posées par le jury.

La lumière va-t-elle enfin être faite sur ce drame familial ?

**Médicaments à doses toxiques**

Frédéric Bonbled, médecin légiste,

- Dans les prélèvements effectués sur la victime, on a retrouvé un médicament puissant qui s'élimine rapidement.
- Son utilité ?
- Il facilite l'endormissement et n'est pas très usuel. On a aussi retrouvé des traces d'un autre médicament pour troubles cardiaques. Sa marge thérapeutique est très étroite, et il devient dangereux si l'on en prend trop. Les doses relevées lors de l'autopsie étaient nettement toxiques. Une troisième substance a été découverte. Elle est très dangereuse et peut provoquer un arrêt cardiaque.

Michel Hermans, diabétologue, ajoute :

- Une dose d'insuline a été injectée et elle était supérieure à la normale. Pourtant, la victime n'était pas diabétique !

Le docteur Bonbled surenchérit :

- Geneviève Simenon a modifié sa version originale en disant qu'elle avait injecté une demi-ampoule au lieu de cinq. Ce n'est pas compatible avec nos conclusions.

L'avocat général prend la parole :

- Un bon médecin doit-il mettre longtemps avant de choisir le médicament à injecter ?

Réplique immédiate du président Maes :

- Je n'ai pas envie que cette question soit posée à l'expert ! Ce n'est pas ici de la spéculation. C'est comme si je demandais si le chef de gare qui veut se suicider efficacement doit se jeter sous un train ou se tirer une balle dans la tête !

Mais, le docteur Bonbled répond quand même :

- Une injection laisse moins de traces que passer sous un train ou se tirer une balle dans la tête. Remarquons que les substances utilisées par l'accusée ne l'étaient pas habituellement dans sa pratique de médecin.

Dans son box, Geneviève Simenon lance :

- Le docteur Bonbled oublie de signaler plusieurs détails : les troubles anxieux et les problèmes cardiaques de Georges !
- Je n'ai rien trouvé de tel dans son dossier médical !
- C'est bien la raison pour laquelle il ne voulait plus voir d'autres médecins et insistait pour que je le soigne !

Le professeur Hassoun, expert en toxicologie, est tout aussi catégorique que le docteur Bonbled :

- Nous avons également découvert des concentrations d'anesthésiques, de produits utilisés en cardiologie, etc., certaines étant toxiques, mais non mortelles. Ces substances ne pouvaient qu'être injectées. Cela a été fait avec cinq ampoules.

**« Vous avez un passé sulfureux... »**

Deux praticiens étaient fort attendus dans ce procès : ceux qui, le jour du drame, sont directement intervenus au domicile de Geneviève et Georges.
Marc N., chirurgien, brosse d'abord un petit tableau de l'ambiance au sein de ce couple ami :

- Je connais Geneviève depuis une dizaine d'années et nous avons fondé une société à deux. Nous avions des relations amicales, qui mêlaient nos deux familles. Sur le plan professionnel, elle était intelligente et calme. Sur le plan privé, elle était attachée à ses enfants.
Georges était également un homme calme. Mais j'ai constaté qu'il ne s'entendait absolument pas avec S., l'une des filles de Geneviève.
- Qu'en est-il des faits ?
- Geneviève m'a appelé pour me dire que Georges était mort. Je suis arrivé chez eux une heure plus tard, vers 7 heures 30. Elle m'a dit : « Il a avalé un morceau de viande de travers. » Puis, elle m'a donné une autre version : un infarctus et une chute contre un meuble. Elle m'a montré le corps, que je n'ai pas touché. Georges portait des compresses autour du crâne. Elle m'a parlé de certificat de

décès, et j'étais très ennuyé. Je n'avais pas envie de signer.
- Pourquoi ?
- Parce que je ne le « sentais » pas ! D'ailleurs, quelqu'un qui s'étouffe au rez-de-chaussée ne monte pas à l'étage...

Quant au docteur Édouard A., médecin généraliste, il a passé un mauvais moment devant la Cour, plus particulièrement sous les remarques acérées du président Luc Maes :
- La presse prétend que Geneviève et moi étions amants...
- Je ne lis pas la presse ! Poursuivez !
- J'étais son ancien compagnon et, étant tous les deux séparés, notre relation n'avait rien de secret.
- Venez-en aux faits !
- Le 27 juin 2000, j'ai fait une visite un peu spéciale... J'ai tiré sur le bras de Georges. Il était raide et donc incontestablement mort. Sa tête était emballée dans des pansements et Geneviève m'a dit qu'il était tombé contre un meuble de coin.
Je me suis occupé des enfants et nous avons téléphoné aux pompes funèbres. Ensuite, j'ai eu le malheur de prendre le certificat de décès que j'avais sur moi.
Quelques heures plus tard, j'étais convoqué à la police judiciaire, puis inculpé. Je n'ai jamais pensé qu'il y avait eu mort violente. D'ailleurs, plusieurs personnes sont entrées dans la chambre où gisait Georges et aucune n'a constaté les coups, y compris mon confrère N.
- On dit que vous avez un passé sulfureux. De quoi s'agit-il ?
- J'ai été condamné pour faux.
- Et vous avez été condamné à quatre ans d'emprisonnement ferme, ce qui n'est pas rien, mais vous avez bénéficié d'un sursis par grâce royale. Ensuite, vous avez été de nouveau condamné pour banqueroute, détournement, faux en écriture... et une peine d'un an de prison avec sursis a été

prononcée.
- J'ai trouvé ce verdict injuste et j'ai quitté la Belgique pour le Tchad. J'y étais le seul médecin pour quatre millions d'habitants. Ensuite, j'ai été vivre aux États-Unis, avant de revenir en Belgique. Cela dit, l'Ordre des médecins ne m'a pas blâmé pour l'« affaire Simenon ».
- Ce n'est pas vrai ! Il a dit que vous aviez fait preuve de légèreté et il vous a sanctionné d'une réprimande...

**Geste criminel préparé**

Les témoignages se suivent, les uns favorables à l'accusée (il y a en permanence dans la salle des patients venus la soutenir), les autres défavorables à la victime, rarement l'inverse.

Plusieurs ont aussi abordé les relations entre les enfants nés du premier mariage de Geneviève Simenon et Georges Temperman :

• Carine S., amie de la victime :

- Ces relations étaient tendues, parce qu'elles ne sont pas faciles à gérer dans une famille recomposée. Quand on est la mère biologique, on a plus de droits que le beau-père. Georges souffrait de cette situation. Pour lui, c'était lourd à porter.
• Élisabeth R., pédiatre et amie de la famille :

- Concernant les filles de Geneviève, je dirais que dès que des enfants dans un couple recomposé sentent une faille, ils en profitent. Il n'y avait pas de cohésion éducative, et Georges s'en plaignait beaucoup.

• Bela K., moniteur de ski :

- J'ai accompagné le couple aux sports d'hiver et j'ai trouvé Georges fort sévère avec les enfants. Il se comportait avec Geneviève comme avec un chien !

Me Moreau, l'avocat des fils de la victime, prend la parole de manière cinglante et porte une accusation assez importante :

- Il y a des indices qui prouvent que Madame Simenon a préparé la mort de son compagnon. N'a-t-elle pas retiré une quinzaine d'ampoules à la pharmacie de la clinique ?

Assurément, les injections avaient un autre motif que celui de soigner Georges Temperman ! De plus, après le drame, l'inculpée a fait preuve d'un sang-froid incontestable en recevant ses patients jusqu'à 22 heures, puis en passant une heure avec son amant, ensuite en allant dormir avant d'essayer de faire porter les soupçons sur d'autres personnes.

Madame Simenon n'a cessé de dire qu'elle était quelqu'un de bien, mais n'oublions pas que c'est une meurtrière !

C'est même quelqu'un qui a conçu et préparé son geste criminel. Il s'agit donc d'un assassinat ! Elle a voulu accomplir un crime parfait, mais cela n'a pas marché. Elle a essayé de maquiller cet assassinat en une mort naturelle, mais après les injections et les dix-huit coups de maillet, elle a étranglé Georges Temperman parce qu'il vivait encore.

Il ne s'agit donc pas d'un geste impulsif.

Une accusation que réfute Me Preumont, avocat de l'accusée :

- De quoi Madame Simenon est-elle coupable ? Mais est-elle vraiment coupable ? Son libre arbitre n'a-t-il pas été annihilé ? La loi excuse la colère provoquée et Madame Simenon n'a pu en arriver là qu'à la suite d'une accumulation de choses qui a fait qu'elle a disjoncté.

Nous ne demandons pas de l'acquitter, mais que les jurés disent que la victime porte une part de responsabilité dans ce qui est arrivé !

**Ils ont encore dit**

• Monsieur Marchal, avocat général :

- Je suppose que les scientifiques ne tuent pas leurs patients à coups de maillet pour établir leurs analyses !

• Mme V., épouse du docteur Édouard A. :

- Quand Geneviève Simenon, l'ancienne compagne de mon mari, a téléphoné à 6 heures du matin, j'ai eu une pointe de jalousie. Pourquoi Édouard devait-il se rendre auprès d'elle parce que son époux était mort ? Ensuite, je me suis raisonnée.

• Le président Maes à Marcel T., selon la formule consacrée à l'issue d'un témoignage :

- Confirmez-vous vos déclarations ?
- Vous me prenez pour un débile parce que j'ai 75 ans ?

## Le verdict

Au septième jour du procès, Geneviève Simenon est reconnue coupable de meurtre provoqué, dont le maximum de la peine est de cinq ans de réclusion, la question de l'assassinat ayant été rejetée par la Cour.

L'avocat général prend la parole :

- Ôter la vie à quelqu'un, quelles que soient les circonstances, est grave et je vous demande la peine maximale !

Deux heures plus tard, l'arrêt tombe :

- Geneviève Simenon, vous êtes condamnée à cinq ans d'emprisonnement, mais avec un sursis de cinq ans. Ce soir, vous devez normalement sortir de prison, car le jury et la Cour pensent que vous avez votre place dans la société.

Dans la salle, les deux fils restent pétrifiés.

## Vérité judiciaire et commentaires

Si la coutume ancestrale veut qu'une décision judiciaire (la fameuse « vérité judiciaire ») ne se discute pas, rien n'empêche de la commenter, selon moi, ce que ne manquent d'ailleurs pas de faire les avocats impliqués dans le dossier.

Sans remettre en cause la gravité de l'ambiance conjugale (insultes, coups, menaces...) vécue par Geneviève Simenon *(une pétition forte de milliers de signatures fait état d'un mouvement de sympathie de la part de nombreux de ses patients qui soulignent son écoute et son art de guérir*), d'aucuns ont reparlé de l'audition de Catherine Z., directrice de la prison où était enfermée la coupable :

- Quel est le comportement de Madame Simenon en prison ?
- Elle se comporte très bien en milieu carcéral. Elle a un pouvoir de soutien et non de leader auprès des détenues, au point d'améliorer l'atmosphère au sein de la prison (*elle y entreprend de nouvelles études – ingénieur en informatique – depuis sa cellule*).
- Supposons qu'au terme du procès, elle soit condamnée à une peine minimale, pourrait-elle rester dans votre établissement ?
- C'est une maison d'arrêt et les détenues sont généralement en préventive. Dans le cas de Madame Simenon, cela fait près de deux ans qu'elle est incarcérée. Elle y reçoit ses filles deux fois par semaine, car il n'y a pas de problèmes de déplacement pour elles.
En cas de peine ferme, elle devrait donc être transférée à la prison de Mons, Namur ou Lantin, ce qui occasionnerait probablement une difficulté dans les visites.
- Même en cas de peine minimale, elle ne pourrait rester dans votre établissement ?
- Ce n'est pas moi qui décide, mais sa détention chez nous pourrait s'envisager pour quelques mois...

D'aucuns ont donc trouvé ce dialogue « sur le fil » avec cette ambiance favorable à l'accusée dans l'optique d'une peine minimale, Geneviève Simenon bénéficiant d'une aura indiscutable.

Alors que la Cour avait refusé de prendre en considération la question posée par Mes De Beco et Moreau, représentant les fils de la victime, concernant l'assassinat (pour eux, les infiltrations de produits toxiques relevaient de la préméditation, le rapport du médecin légiste allant dans ce sens), elle acceptait celle de la provocation dont aurait été victime la meurtrière.

L'avocat général n'avait pas, non plus, retenu la thèse de l'assassinat :

- L'acte de faire absorber des substances qui tuent n'est pas considéré en droit comme un assassinat, mais comme un empoisonnement. Madame Simenon bénéficie d'une certaine pratique médicale et elle connaît les noms et les doses des produits. Si elle avait voulu tuer son compagnon, elle aurait pris le temps de lui préparer une superdose !

À l'issue du verdict, on est donc passé de la notion de crime à celle de délit et, dans ce cas, la peine de prison ne pouvait pas dépasser cinq ans fermes.

D'aucuns, encore, ont relevé cette question du président à l'accusée peu avant la délibération pour statuer sur la peine :

- Dans l'éventualité d'un sursis probatoire, êtes-vous prête à répondre aux convocations de l'assistante et d'une commission de probation, à suivre leurs directives et à poursuivre une thérapie psychologique de votre choix ?
- Oui, bien sûr, cela me paraît essentiel dans ma volonté de réparation, répondit Geneviève Simenon qui, le contraire aurait été surprenant, empoigna la perche tendue par le magistrat.

Deux heures plus tard, le même président a lu l'arrêt suivant :

- Si les faits conservent un caractère grave, vu qu'ils ont ôté un père à deux jeunes hommes et à une petite fille, la Cour et les jurés ont estimé que votre passé social et l'absence d'antécédents judiciaires vous permettent de bénéficier d'un sursis probatoire.

Me De Beco, avocat des parties civiles :

- Affirmer que Geneviève Simenon a été provoquée parce qu'elle était à bout de nerfs est un raccourci. Notre conviction reste entière par rapport au déroulement des faits et, croyez-nous, il ne s'agit pas d'acharnement de notre part !

Le docteur Simenon a voulu se débarrasser de Georges Temperman sans que personne ne s'en rende compte, mais elle a pété les plombs parce qu'il ne mourrait pas !

Non loin de lui, la tête entre les mains, Stéphane Temperman clama son dégoût :

- Je ne crois plus à la justice. Je quitte la Belgique, très vite, et je retourne en Angola où je travaille comme mécanicien pour Médecins Sans Frontières.

# TABLE DES MATIÈRES

**Pierre Guelff aux Éditions Jourdan**

*Charleroi-Bagdad, vie et parcours d'une kamikaze*, 2006.

*Belgique mystérieuse, insolite et sacrée*, 2007 (*)

*L'Impératrice et l'Enlumineur,* roman historique, 2008. Cet ouvrage a obtenu les Prix « Arts et Lettres de France » et de la Ville de Rouen.

*Le Petit Livre de la Sagesse et de l'Esprit maçonniques,* 2008.

*Histoires de crimes, l'amour et la passion,* 2009.

*France mystérieuse, insolite et sacrée,* deux tomes, 2009. (*)

*Sur les pas des francs-maçons,* 2010.

*Curieuse histoire d'une stigmatisée*, 2011.

*Meurtres au féminin,* 2013.

*Les grands dossiers d'assises*, 2013.

*Quand l'amour et la passion tuent*, 2013.

*Ces jeunes devenus criminels*, 2013.

(*) Ces ouvrages font l'objet de chroniques régulières à la radio et à la télévision (RTBF, TV5 Monde, Fréquence Terre)

La liste complète des ouvrages et pour en connaître davantage sur l'auteur ou dialoguer avec lui :

http://www.pierreguelff.info (site web officiel)

Facebook.

Réalisé en Belgique
Imprimé en CE
DÉPOT LÉGAL : 2013